あなたが投資で儲からない理由

大江英樹

日経プレミアシリーズ

はじめに　「投資の本質」を知るということ

世界的な株式市場の好調を背景に、この数年で投資を始める人は増えてきています。特にＮＩＳＡのように税制上有利な投資方法ができたことに加え、誰でも少額で投資を始められるようになったこともその動きを後押ししています。「考えるよりまず始めにやってみることだ」とか「投資は普通の生活者が普通にやれば成功する」という人もいます。

投資を始める人が増えるのは良いことですが、今のこうした状況に対して私は一抹の不安を感じます。それはあまりにも投資を安易に考えている人が多いような気がしてならないからです。

証券会社で30年以上個人投資家の相談を受けてきた私は、大きな暴落に遭って損をし、結局は投資から離れていってしまったという人を今までたくさん見てきました。なぜそうなるかというと、投資の本質を正しく理解せず、「儲けたい」という気持ちだけで投資を始め、そして失敗してしまうからです。

でも投資は始めることは簡単ですが続けることは難しいのです。〝価格の変動〟という市場の魔物が人間の判断を狂わせてしまうからです。

だからこそ自分で考えて経験し、多少の失敗もしながら少しずつ投資の考え方を身に着けていくことが大切なのです。事実、過去に暴落を乗り越えて長期的に投資で成功した人はみんなそういうことを実践してきています。

昨今のようにマーケットが好調な時には、マスメディアも金融機関もこぞって投資を勧めてきます。ところが「投資は始めたもののあまり儲かっていない」、「日経平均はこれだけ上がっているのになぜ自分は儲からないのか」という声をよく聞きます。それは投資の原理原則を理解していないからです。

本書はそんな投資の原理原則、そして多くの人が陥りがちな勘違いについて書きました。

本書にはチャートの見方や企業分析の仕方といった話はほとんど出てきません。そういう本は書店に行けばたくさん売っているからです。ところが投資の本質をわかりやすく語った本はなかなか見かけることがありません。

投資をやってみたけど、なかなかうまくいかない。そんな人にとって本書が考えるきっかけになってくれたらと願っています。

2021年6月

大江英樹

目次

第2章 投資の〝常識〟に潜む罠 51

第3章 株で儲かる人・儲からない人の境界線 103

第4章 投資信託は罠だらけ 151

第5章 債券、外貨、保険……ここにもある勘違い 207

第6章　後悔しないための5つの原則

※本書は、投資判断の際の参考となる情報提供を目的として執筆されたものです。したがって、本書は、投資勧誘を目的として作成したものではなく、将来の投資成果を保証するものではありません。銘柄の選択、投資に関する最終的な決定は必ずご自身の判断で行ってください。

第1章

「儲からない」には理由がある

1 投資はそれほど甘くない

暴落は、いつも突然やってくる

冒頭からいきなりネガティブな話のようで恐縮だが、投資というものは決して簡単なものではない。ましてや投資をすれば必ず儲かるということはあり得ない。

この数年間、世の中の風潮としては「貯蓄から投資へ」というのが一つの流れとなっており、誰もが投資をした方がいいという空気になっている。加えて2012年に安倍政権が発足しアベノミクスが始まって以降は、ところどころ紆余曲折(うよきょくせつ)はありながらも基本的には上昇相場が続いてきたため、この間に投資を始めた人は多かれ少なかれ上昇相場の恩恵を受けて利益を手にしている人が多いはずだ。

でもそれはこの数年間、たまたま運が良かっただけ、と言えないこともない。

どんなに好調な相場が続いても、それが永遠に続くということはあり得ない。直近で言えば、コロナウイルスの感染拡大が始まった２０２０年3月に株式市場が大きく下落したことで、肝を冷やした人は多かったことだろう。たまたまコロナ禍での暴落は一瞬だったが、いつもそうとは限らない。今後もリーマンショッククラスの下落が10年に一度ぐらいの頻度で起きることは十分にあり得る。

私は１９７４年から証券会社で仕事をしてきたので、ほぼ半世紀近くにわたって株式市場を見てきたが、少なくともリーマンショッククラスの下落は4回経験している。そして、そんな暴落が始まる直前はまさに宴の真っ最中で多くの人が株価上昇の恩恵に酔いしれている時なのだ。結果として多くの人が突然冷や水を浴びせられ、失望と怨嗟の念と共に株式市場から離れていくという場面を何度も見てきた。恐らくこれからもそういうことは繰り返されていくだろう。

長期・積立・分散投資が常に正しいとは限らない

過去には、株式市場が好調な時に投資を勧めてくるのは証券会社ぐらいしかなかった。ところが最近は銀行や郵便局も投資信託を販売しているので、あなたが持っている預金が満期になった時は投信を勧められることも多いはずだ。

さらにブログやＳＮＳが盛んになったことで、多くの成功体験を持つ投資ブロガーが情報を発信している。中には極めてまともな考えのブロガーもいるが、自分の成功体験に基づいた投資手法が最も正しいとばかりに主張する「原理主義者」も多い。つまり昔に比べて比較にならないくらい、人々を投資へ誘引しようとする力は強くなっているのだ。

そこで投資を始め、しかもそれがこの数年間、比較的うまくいっていることで、ますます投資の本質をよく理解しないままに投資をしている人は多い。

特に最近では「長期・積立・分散投資」を金科玉条のごとく信奉する人たちが増えてきており、これさえやっていれば長期的には損をすることがないとする主張が強まってきている。

本書で詳しく述べるが、こうした投資手法は間違いではないし、多くの一般の人にとっては、比較的簡単にできて一定の効果があることは確かである。とはいえ常に正しいというわけではない。

投資を行う上で必要なことは、

① 自分でリスクを取る勇気があること
② 自分の頭で考えること
③ 最低限の勉強をしておくこと

の3つである。これは、ノウハウではなくて投資する人が持つべき心構えと言っていいだろう。

昔、喜劇王チャールズ・チャップリンの映画「ライムライト」の中でこんなセリフがあった。

“Yes, life can be wonderful, if you are not afraid of it. All it needs is courage, imagination, ... and a little dough.”（人生は恐れを持たなければ、素晴らしいものなのだよ。人生で必要なもの、それは勇気と想像力、そして少しのお金だ）

このセリフの「人生」を「投資」に置き換えてみればいい。「**投資**に必要なもの、それは『**勇気**』と『**思考力**』、そして『**少しの勉強**』だ」と言い換えるのが適切だろう。

「投資は誰でもできる」「考えるよりまず動け」の危険性

ところが、残念なことにいつの時代も投資を始める人の多くはこの大原則をあまり理解していない。これらの中でまず初めに考えるべきことは、自分でリスクを取れるかどうかということである。

よく株式投資の儲けは不労所得だと言う人がいるが、それは大きな間違いである。そういうことを言う人は「働く」ということの定義を誤解している。工場でモノを作ったり、それを売ったり、会計の計算をしたり、といった目に見える労働だけが仕事だと思っているのだろう。ところが会社の経営者はそういうことはしていない。トヨタ自動車の社長は自分ではネジ一つ作ることはできないだろうし、ユニクロの社長だって店舗に立って洋服を販売することはないだろう。

では彼らは仕事をしていないのかというと、決してそんなことはない。彼らはとても重要な仕事をしている。それは「リスクを取って判断する」という仕事だ。

人、モノ、金という経営資源をどこに投入すれば一番高いリターンが得られるのかを判断し、決断したら、あとは責任を取る、ということなのだ。これはサラリーマンしか経験のない人にはなかなか理解されないことだが、リスクを取らない限り、お金を稼ぐことはできない。ビジネスでも投資でも全く同じことである。

どこまでリスクを取る覚悟があるかによって得られるリターンの大小も変わってくるのは当然なのだ。あまりリスクを取りたくなければ、高いリターンは期待できなくても低リスクな預金や債券という道を選べばいい。職業で言えば、サラリーマンである。リスクを取る覚悟がなければ投資はやらない方がよい。

また、**投資で最も大事なことは自分の頭で考えて判断すること**だ。リスクを取るというのは、そういうことだからだ。人に「何かいい投資対象はないか？」とか「どの株を買えば儲かるか？」ということを聞くのは全くナンセンスである。投資は失敗しても誰も責任をとってくれない。あくまでも自己責任なのだから、どこまでも自分で考えて自分で判断するしかない。そのためにはある程度の勉強をしておくことが大事である。

にもかかわらず、「投資は難しいものではない」「投資は誰にでもできる」といった甘い言葉に引き寄せられ、「何も考えなくてもいいから、まず始めた方がいい」と言われて投資を始める人はとても多い。

高いリスクを取らなければ、高い収益を得るのは難しい

誤解のないように言っておくが、私は「投資はやらない方がいい」と言っているわけではない。もしできるのなら投資はした方がいいのだ。

数年前にフランスの経済学者トマ・ピケティが書いた『21世紀の資本』という本がベストセラーになったことがあったが、その中で注目されたのが「r＞g」という公式である。

このrは資本収益率、簡単に言えば投資による利益を指している。一方、gは通常の経済活動によって生まれる経済成長率のことであり、労働者の側から見ればどれぐらい給料が増えるかということを表していると言ってもいいだろう。ここではr＞gとなっているので、給料よりは投資収益の方が大きく、それが社会格差につながっているというのが述べられている主張である。

でもこれは考えてみれば当たり前だ。なぜならr（投資収益）を得る源泉にはリスクが含まれているからである。サラリーマンよりはオーナー経営者の方が高いリスクを取って仕事をしているのは当然で、その見返りとしてオーナー経営者には高い報酬がもたらされるのと同様、投資も高いリスクを取らなければ、高い収益を得ることは難しいということは先ほども述べた通りである。

後ほど詳しく述べるが、取れるリスクの大きさは人によって様々なので、必ずしも高いリスクを取らなければならないということではない。しかしながらリスクの大小は違っても、それを取る覚悟のある人だけが投資を行うべきであることは間違いない。リスクが取れないというのであれば、投資はすべきではないのだ。なぜなら世の中にうまい話はないのだから。

2 「投資は良いことだけど、投機は悪いこと」の罠

投機はマネーゲームで、投資は世のため人のため？

世の中の一般的な風潮として「投資は良いことだけど、投機は悪いことだ」という思い込みがあるようだ。

投資というのは、世の中で必要とされているところにお金を回すことだ。別な言い方をすれば投資する先の企業を応援することでもある。だから投資というのは人のため、世の中のためになる。でも投機は単なる博打であって、マネーゲームに過ぎないのだから決して良いことではない、というロジックでもって「投機」は非難されやすい。

特に投資を一生懸命世の中に広めようとしている人たちは、投資が思うように拡がらない理由を「一般の人が投資を博打と間違えているからだ。でも博打なのは投機であって、投資は博打じゃない」と決めつけているように見える。わが国で投資がなかなか拡がらない理由

は単純ではなく、歴史的に見るとそれだけで一冊の本が書けてしまうぐらいなのでここでは深く触れることはしないが、私は必要以上に投資を美化したり、投機を貶めたりすることには違和感を覚える。

「博打は胡散臭い」というそもそもの間違い

投資を広めたい人たちのロジックはこうだろう。「博打は胡散臭い、でも投資は博打じゃない、だから投資は決して胡散臭くない」。でも世の中で投資と縁のない多くの人は「投資は博打」だと思っている。だからいくら大声で「投資は博打じゃない」と叫んでも今ひとつ説得力に欠けてしまうのだ。

むしろ私はこう考えている。「博打が胡散臭い」という前提がそもそも間違っているのだ。私に言わせれば博打自体が胡散臭いわけではない。博打にまつわるイカサマやインチキが胡散臭いのだ。投資も投機も博打ではないけれど、いろんな不正は起こりうる。その最たるものはインサイダー取引だろうし、粉飾決算だってそんな不正の代表的なものである。これらは全て違法行為であるから胡散臭いどころか犯罪だ。投資であれ、投機であれ、それにまつわる犯罪は許されるべきものではない。

投資と投機はどこが違うのか

では、投資と投機は一体どこが違うのだろう？

これは実に簡単だ。株式投資で言えば、
「投資は**価値の向上**に賭けて利益を得る行為」
「投機は**価格の変化**に賭けて利益を得る行為」

これだけの違いに過ぎない。どちらも〝賭けて〟利益を得る行為だが、その利益の源泉が「投資する企業の価値の向上」にあるのか、それとも「投資する企業の株価の変動」にあるのか、それだけの違いなのだ。そしてどちらも市場にとっては必要不可欠なものなのである。投資は、これから利益が成長するであろうと予測する企業の株式を購入する。ところが予測や見通しは様々なので、必ずしも理屈通りにはいかないし予想外のことはいくらでも起こりうる。投機は、そんな市場の非効率性の間隙を突くことで利益が生まれるのだ。つまり多くの投資家がいるおかげで収益機会が生まれている。

一方、投資家がどんなに良い会社の株を持っていても市場で換金するためには一定の取引高が必要だ。一定数の投機家がいるからこそ、流動性が確保され、投資家は換金性が高まるのだ。すなわち、投資家と投機家は持ちつ持たれつの関係と言っていいのである。

「美人投票」が思いのほか難しい理由

投資と投機と、どちらが良いとか悪いとかではなく、どちらが難しいかという観点で考えてみよう。私が考える結論で言えば、間違いなく投機の方が難しく、投資の方がやさしい。その理由は前述した利益の源泉の違い、「価値の向上」と「価格の変動」にある。

企業価値を見るためには、なんと言っても財務諸表が重要だ。前節で「少しの勉強が必要」と書いたのはまさにこの部分であり、財務内容を見ておくことは投資をする上では避けられない。将来のことは誰もわからないが、少なくとも過去5年間ぐらいの利益の伸びやキャッシュフローの流れ、そして他社と比較しての優位性といったことは調べればわかる。

だからといって、企業価値が上がっていく会社を確実に選別できるとは限らないが、少なくとも財務分析によってある程度の予測は可能だ。

ところが「価格の変動」、特に短期間の価格の変動を的確に予想することはまず不可能だ。株価が短期的には予測できない最も大きな理由は人間の心理が影響するからだ。

ケインズは「株式投資は美人投票だ」と言ったが、これは自分が美人だと思う人を選ぶのではなく、最も多くの人が美人だと思うであろう人を選ぶという意味である。実際に美人かどうか、そして自分が美人だと思うかどうかは何の関係もない。より多くの人が美人だと思う人を当てるのがケインズの言う美人投票だ。

つまり短期的な株価の動きは、どれほどたくさんの人がその会社を良いと思っているかを当てられるかどうかにかかっている、ということだ。

だとすればこれはかなり難しい。多くの人がどのように考えるのかを読んで行動しなければならないからだ。チャート（株価の動きを表したグラフ）はそんな人々の心理の一面を表したものであるから、詳細に分析すれば投資家の心理を読むことはある程度可能である。しかし、あくまでもそれは過去のことだし、環境が変われば過去のチャート通りの動きをするかどうかはわからない。このように、投資に比べて投機ははるかに難しいものなのである。

資産形成に投機は向かない

したがって、個人の投資家が資産形成を図るには投機よりも投資の方が向いていると考えるべきだろう。後ほど詳しく話をするが、資産形成のためにはある程度時間が必要である。投機は通常は短期的な勝負だし、勝つことも負けることもある。投機をずっと続けて百戦百勝という人はまずほとんどいないだろう（今まで何十万人もの投資家を見てきたがそういう人を2人だけ見たことがある。ゼロではないが、限りなくゼロに近いといって良いだろう）。

それに、多くの場合、わずかな利ざやで勝ちを積み重ねていっても一度の負けでそれまでの利益が全部吹っ飛んでしまうということもあり得るのが投機の怖さである。過去に投機で成功した人の多くはずっと続けてやってきたわけではなく、ここぞというタイミングで大きくリスクを取って勝負し、そしてたまたま勝った人なのである。

したがって、投機自体は悪いことではないが、個人が自分の資産を形成するための手段としてはあまり適していないということはしっかり理解しておくべきである。

3 「持たざるリスク」なんて存在しない

「持たざるリスク」を唱える人の胡散臭さ

株式投資は常に価格変動がつきまとうものだ。当然、株を持つことはリスクを負うことになるというのは誰でも知っている常識である。ところが株式市場が上がり始めると「持たざるリスク」ということがよく言われるようになる。株を持っているからこそリスクがあるのに、持っていないリスクとは一体どういうことなのだろう？

簡単に言ってしまえば、これは「機会損失」のことを指している。もう少しわかりやすい言葉で言えば「儲け損なう」ということだ。すなわち、「ここから株価が上がるから株を持っていなければ儲け損なってしまう」ことを「持たざるリスク」と表現するわけである。

では一体誰がそんなことを言っているのだろう？　「持たざるリスク」を声高に唱える代

表的な存在は証券会社の営業マンである。さらには評論家や証券仲介業務をやっているファイナンシャル・プランナーの中にもこういうことを言う人は多い。さらに言えば、新聞やマネー雑誌でも相場が上がってくるようになると、この言葉が紙面（誌面）を賑わすことが増えてくる。

これらはいずれも、投資を勧めようとするからそういう言い回しが登場するのである。確かに、「株を買っておかないと、ここからは〝持たざるリスク〟が出てくる」と言われると焦って何か買おうとする人は出てくるだろう。それを煽るためだと考えれば、前述のような立場の人たちが言うのもうなずける。

機会損失によって深刻な影響を受ける人たちとは

しかしながら、実は個人投資家にとって、この「持たざるリスク」というのは全く存在しない。その理由をこれから説明しよう。

「持たざるリスク」すなわち機会損失で深刻な影響を受けるのは機関投資家、中でも他人のお金を預かって運用する仕事をしている人たちなのだ。具体的には投資信託の運用会社でファンドを運用しているファンドマネージャーや、年金基金等から一定の手数料をもらって運用を委託されている信託銀行、生命保険、投資顧問会社などの運用部門の人たちである。

彼らに「持たざるリスク」が存在する理由、それは彼らが常に比較されていることにある。何と比較されているのか？　それはベンチマークであり同業他社の成績だ。

多くの投資信託には運用のベンチマークがある。多くの場合、それはＴＯＰＩＸや日経平均といった市場の指数である。すなわち運用の成果が一体どれぐらい市場平均である指数を上回るかをターゲットとして運用しているのである。

さらに、市場平均を上回るだけでは駄目だ。同業他社、すなわち他の運用会社の成績と比較されて評価される。

個人投資家が中心の投資信託であればまだしも、年金基金の運用などの場合、ほとんどは複数の運用会社に運用を分散して任せているので、1年間の運用成績は明確に比較される。もちろん年によっては良かったり悪かったりするだろうから、たった1年の成績だけで全て評価されるわけではないだろうが、何年にもわたって他社に負けたり、あるいは極端な差がついてしまうというのは好ましくない。契約を解除されて運用先を変更されたり、運用比率を下げられたりしてしまうからだ。したがって、彼らにとって何よりも大事なことはベンチマークや他社に負けない運用をすることだ。

ところが低迷していた相場が反転して上昇し始めた時、株式の保有比率が他社と比べて少ないとどういうことになるか？　株価上昇の恩恵は他社が得ることになり、明らかに運用成績が他社に比べて劣後することになる。

これこそがまさに機会損失であり、市場における「持たざるリスク」なのである。したがって機関投資家には間違いなく「持たざるリスク」は存在するし、それは極めて重要である。

「休みます」と言えるのが個人投資家のアドバンテージ

では、個人の場合はどうだろう？　個人投資家の運用成果は自分だけの問題だ。他の人が儲かっていようが損していようが全く関係ない。自分が儲かっているかどうか、それだけが重要なのだから人の運用成績がどうあれ、それに影響を受ける必然性は何もない。したがって、自分が現金の比率を高くしたまま、上昇相場に乗り遅れてしまったと思ったら買わなければいいだけの話だ。むしろ乗り遅れまいとして焦って買うと、往々にしてそこが高値づかみになってしまうものである。

個人投資家にとっては「持たざるリスク」を考える必要はなく、買い損ねたと思ったら、「休むも相場」という格言に従ってじっとしていればいいのだ。下手に売買するよりも、何もしない方がいい場合だってたくさんある。

機関投資家の場合は、人様から運用手数料をいただいてお金を預かっているわけだから、「相場が悪いので休みます」と言うわけにはいかない。プロの運用者が難しいのは個人と違って休むことができないという点にある。そして、〝休める〟ということこそが、プロに対して個人投資家が持っている最大のアドバンテージなのである。

みんなが買いに行くタイミングこそ、何もしない勇気が必要

ところが、たいてい、相場が上昇し始めると多くの人は乗り遅れまいと焦って買いに出る

ことになる。別に証券会社の営業マンから勧められなくても、慌てて買おうとする。この理由は一体どうしてなのだろう？

個人投資家が焦るのは、〝みんなが買うのだったら自分も買わなければ！〟という心理にある。心理学では「ハーディング現象」とか「バンドワゴン効果」と言われるものだ。昔、〝赤信号、みんなで渡れば怖くない〟というギャグがあったが、高値圏（＝赤信号）でもみんなが買っているのなら大丈夫！　たとえ危険でもみんなと同じ行動を取っていれば安心、逆にみんなと同じでなければ不安になる、という心理は誰でも持っているものだ。

ところが株式投資においては、みんなと同じ行動を取っていたのではダメで、人と逆の行動を取らなければ儲けることはできない。とはいえ、実際に人と逆の行動を取るのは非常に難しいことで、よほど強い意志を持っていなければ実行するのは困難だろう。であれば、せめてみんなが買いに行って高値をつけている時には何もしないで様子を見ているだけでもいいのではないだろうか。

営業マンの決して信用してはいけない言葉

相場というものはいつまでも永遠に上がり続けることはなく、永遠に下がり続けることもない。上がったものはどこかの時点で必ず下がるし、逆もまた同様だ。

したがって、たまたま上昇相場に乗り遅れてしまってもどこかで必ず下がるのだから、次の相場を待てばいいのだ。

「持たざるリスクがありますよ」と言って株や投信を勧めてくる営業マンがいたら、個人投資家の本質をわかっていないか、あるいはわかっていても自分の商売優先で勧めているかのどちらかだろうから、あまり相手にしない方がいい。

それに世の中には株式や投資信託などに投資したことがないという人はたくさんいるが、そういう人たちが「持たざるリスクを負っている」などということはないし、投資なんかしなくても普通に生活している人はたくさんいる。いやむしろそういう人の方が多いだろう。

繰り返すが、「持たざるリスク」というのはあくまでも他人のお金を預かって運用をしている人たちの間での相対比較において言えることだ。個人投資家は人と比較などする必要はなく、それぞれ自分の運用スタイルでやればよいのだから、プロと違っていつも自分のお金を目一杯、株式に投資する必要など全くない。

実際、多くの個人投資家は口を揃えて「一番悔しいのは、持っている株の株価が下がることではなく、下がった時に買い増しする資金がないことだ」と言う。むしろ現金を常に一定の比率で持っておき、株価が大きく下がった時に買えるようにしておいた方がリスクも少ないし、結果として得られる利益は大きくなるだろう。あくまでも自分流の投資のやり方に徹することを考えた方がいいのではないだろうか。

4 〝損をさせられた〟という勘違い

営業マンはそんなに優秀ではない

　個人投資家で株式投資をやっている人の中には、「あの営業マンに損をさせられた」とよく言う人がいる。この気持ちは非常によくわかる。勧められた株を買って下がれば、勧めた営業マンに文句の一つも言いたくなるのは当然だからだ。これを「株式投資は自己責任だ」と切り捨ててしまうと、そこから話は進まない。実はこの「損をさせられた」という言葉の中に、重大な勘違いとそういう発想で株式投資をやっていれば絶対に儲からないという含意があるからだ。

「損をさせられた」という言葉の中には、営業マンが下がる株を知っていてわざとそれを勧めた、あるいは押しつけたというニュアンスが感じられる。でも誰しも上がる株がわからないのと同様に下がる株だってわからないのだ。私も長い間証券会社に勤めていたからわかるが、営業マンというのはそんなに優秀ではないし、勉強もしていない、と思った方がいい。どの業界でもそうだが、営業マンは販売した数字で評価されるので、売り込みが上手な営業マンは証券会社の中にはたくさんいるが、マーケットや経済のことを真剣に勉強している人はあまりいない。

以前こんなことがあった。ある先輩営業マンでとても優秀な人がいた。彼のお客さんはみんなとても儲かっていて、俗に言う「よく当たる」営業マンだった。もちろん自分で相場のことを一生懸命勉強し、企業の財務内容や成長力もしっかりと研究している。だから彼が勧める銘柄は結果的に株価が上がることが多く、お客さんも儲かるという良い結果を生み出していたのである。ところがそんな彼にも嫌なお客さんはいたようだ。

「あの人さあ、あまりに理不尽なことばかり要求するので腹が立つんだよね。だから一生懸命研究して、絶対に下がりそうな銘柄を勧めるんだけど、それが悔しいことに全部上がっちゃって、ますますその嫌なお客さんが儲かっちゃうんだよ」

冗談みたいな話だが、ことほど左様に株価の先行きなど、いくら自信ありげに語ったとしても、それがその通りになるということはあり得ないのだ。

「何が儲かるのか教えてよ」に営業マンは答えられない

証券業界で仕事をしていると「損をさせられた」というお客さんの言い分と同じぐらいよく聞くのが「何が儲かるのか教えてよ」というセリフだ。ある意味、これも営業マンの能力を過大評価していると言うしかない。

私も証券会社時代、お客さんからこう聞かれたことがよくあったが、これに対する答えはたった一つしかない。「そんなものはわかりません」である。もちろん、長期的な見通しで成長するであろう企業はそれなりにしっかりと研究すればある程度はわかる。しかしながら、多くの場合、お客さんが求めているのは、短期的に値上がりが見込める株を教えてほしいということだ。だとすれば答えは「わかりません」しかないのである。

ところがお客さんにしてみれば、そんなことを言われたのでは身も蓋もない。優秀な営業マンはそれに対して丁寧に答えて「○○（銘柄名）が良いですよ」と推奨する。実は「儲かる株を教えてくれ」と言ってくるお客さんは、営業マンにとってはとてもありがたいのだ。

実際は誰にもわからないのに「○○が儲かります」と言えば注文をもらえるチャンスがあるからだ。

私は現役の証券マン時代に「儲かる株を教えてくれ」と言われた時は、「それはわかりません」としか答えなかった。おかげで私の営業成績はあまり良くなかったが、私はこうも付け加えていた。「もしそんなものがわかるのなら、私はこんなところで仕事なんかしていませんよ」。さらに「それにもしそれがわかったとしても、私はそれを絶対あなたに教えません。儲けは全部自分で独り占めします」と冗談交じりに言っていた。でもこれは真実だろう。本当に確実に儲かる話があるのなら、どうしてそれをわざわざ人に言うだろう。これは投資の知識というよりも常識の問題だ。

「確実に儲かる株がある」という幻想

どうもお客さんの中には「実は儲かることが確実な株があるのではないか」と思っている人がいるようだ。特定の政治家専用の口座があって、儲かる株はみんなその口座に入れているといった類いの話である。私は証券業界に40年近くいたが、実際にそんなものがあると見聞きしたことは一度もない。もちろん絶対ないとは言い切れないし、実際に過去にはリクルート事件のように未公開株を政官界にばらまいたということもあったから、そういう疑念を持つ人が多いのだろう。

ただ、仮にそういう行為があったとしても「絶対確実に儲かる」ということはない。新規公開株だって公開後に値下がりすることはいくらでもあるし、株の世界で絶対確実ということはまずないのだ。もしあるとすれば、それは不正行為である。インサイダー取引や株価操作の類いがそれで、これは明らかに犯罪だ。

「あなただけに特別の話です」などと言って株を勧める営業マンは、もうさすがにいないだろうが、もし本当にそんな特別の話があるのなら、それは恐らくインサイダー情報なので、それを利用して売買すれば罪に問われる。したがって、「ここだけの話」「誰も知らない情報を特別に」などという話を持ちかけられたら、それは相手にしない方が賢明だろう。

先の見えない不安と付き合うのが投資

少し考えれば、「損をさせられた」という思いとか「儲かる株を教えてよ」という言葉はほとんど意味のないことだということはわかるが、なぜ多くの人はそう考えるのだろうか。

これは株式市場というものの性質と人間の心理を考えると、ごく当然のことである。人間は誰しも先の見えないこと、結果がどうなるかわからない不確実なものに対しては不安を感じるのが普通だ。

株式市場はまさに「先の見えないこと」であり「結果の不確実なもの」である。さらに言えば、株式は買った途端、上がるか下がるかのどちらかしかないわけだから結果がすぐ目に見えて出てくる。そのため余計に感情の振幅が大きくなりがちなのだ。


人間は誰でも、このような先の見えない物に対しては何かに頼りたくなる気持ちを持っている。いつの時代も占いに人気があるのがその証拠であり、それがより強い気持ちになってくると信仰という形で宗教に昇華していくのである。投資の世界でもカリスマと言われるような評論家やアナリストに人気が集まる。それは、自分で自信を持てないことに対して明確な指針を出してくれたり、見通しを言い切ってくれたりするからだ。

しかしながら先の見えないこと（＝不確実性）がリスクというものなのだから、投資をする上では、どこまで行っても自分自身でこのリスクと付き合っていかなければならない。

これは別に投資の世界だけの話ではなく、人生において何かを決断する時には常に不確実性を伴う。進学、就職、そして結婚ですら、将来はどうなるかの保証はない。すなわち人間は誰でも自分でリスクと向き合って生きていかなければならないのだ。

それを自分で判断して決めるのが不安だからといって、就職や結婚の決断を全て誰かに委ねる人がいるだろうか？　そして、仮にそれがうまくいかなかったからといって、委ねた人の責任にするということがあり得るだろうか？

多くの人は、何かを決める際に人の意見を参考にすることはあっても最後は自分で決めるはずだ。ところが投資においては、人に頼りたいという人が多い。恐らくそれはすぐに金銭的な損益につながるため、他のことよりも不安心理がより強いからだろうと思う。でもそうしたリスクと付き合っていかなければならないのが投資だ。もしそれが無理だというのであれば投資はしない方が良い。投資をするのであれば、少なくとも自分でリスクと向き合うという覚悟を持ってやるべきだろう。

5 お金に執着する人ほど投資に失敗する

「損したくない願望が強い人」の大きな弱点

筆者は長年にわたって証券会社の店頭で投資相談の仕事をしてきたので、今まで実に多くの個人投資家を見てきた。個人投資家と一口に言ってもそのタイプは様々で、なかなか成果を出せないで失敗することが多い人がいる一方で、普通のサラリーマンでも長年にわたって投資を続けて大きな財産を築いた人もいる。

短期的には投資の成果というものは運不運に左右される面もあるが、長期的に見ると、やはりやり方なり、その人の性格によって成功するか否かはある程度わかるようになる。

そんな性格のひとつが「お金に対する執着」である。実は今まで何万人もの個人投資家を見てきた筆者から言わせると、「お金に執着のある人ほど投資では儲からない」のだ。これは意外と思われるかもしれないが、筆者が経験してきた限りにおいては間違いなく事実である。

「お金に執着のある人」というのは「お金を得る喜びよりも失う悲しみの方が強い」という人である。つまり、儲からなくてもいいから損をしたくないという気持ちが強い人なのだ。ところが実を言うとこれはほとんどの人がそうなのである。

行動経済学の中心的な理論に「プロスペクト理論」というのがあるが、この理論の骨子をごく簡単に言えば「人間は本質的に〝損失回避的〟である」ということだ。

実験によれば、「10万円儲かる喜び」と、「同じ10万円を損する悲しみ」とで比べてみると、損をする悲しみの方が儲かる喜びの2・5倍ぐらい大きいという。

これはある意味不思議な現象だ。なぜなら、儲かると損するとでは正反対の感情ではあるものの、方向性は違っても同じ金額であれば利益の喜びと損失の悲しみの大きさは同じぐらいのはずだろう。ところが実際には悲しみの方が2・5倍も大きいということは、人は誰でも本質的に損をするのは避けたいという気持ちが強いため、「儲からなくてもいいから損をしたくない」という人が多いのだ。

ではそういう気持ちになるとどんな行動になるかといえば、リスクを取れなくなるのである。つまり損をするのが恐いのでリスクを取れなくなるのだ。ところがリスクを取らない限りリターンを得ることはできないというのは永遠の真実である。

したがって、お金に執着する人は、それを失うことへの恐れのあまり、リスクを取ることが必要な場面でそれができず、リターンが得られないということになってしまう。ごく簡単に言ってしまえばこれが、「お金に執着する人がお金を増やせない」理由なのだ。

2020年3月に株を手放した人は危ない

では実際に株式投資において、〝お金に執着する人がなぜ儲からないのか〟をその具体的な行動パターンで見てみよう。

株式投資においては百戦百勝ということはあり得ない。儲かる時もあれば損をする時もある。大事なのは、損をした時にどのように考えられるかということだ。もし投資をしている時に自分の買った株が暴落し、明らかに失敗したと思われる時、どんな風に考えるだろうか？

①　今回は失敗だ。次はここに気を付けよう。

②　損はしたけど、仕方ない。また働いて稼げばいい。

③　大損だ！　これ以上損したくないからもう投資はやめよう。

この中で③と考える人は、あまり投資に向いていない。どちらかといえばお金に対する執着の強い人だろう。投資はうまくいくこともあるし、そうでないこともある。だからうまくいかなくても「今回はダメだった。でもそれは仕方ないことだから失敗の原因を反省して次に生かそう」とか、「ここでお金を失ったけど、また働けばいい」、と考えられる人は長期的には成功することが多い。筆者が見てきた個人投資家でも成功してきた人は間違いなく①か②のタイプである。

最近でも、コロナ禍によって2020年3月に大きく株価が下落した。そんな時、当然持っている株は下がって損が発生しているわけだが、「これは大きなチャンスだ」と思ってそこで投資をした人はその後の株価の戻りで大きな利益をあげた。何もしなかった人は結果的には元の価格以上に戻ったものが多いので、損はしなかったものの、そこで投資した人に比べると大きな利益をあげることはできなかった。最悪なのは下がった時に慌てて売った人たちだろう。損が確定した上に、その後の株価が戻る過程で全く利益をあげることができなかったからだ。

でもこう言うと、「それは結果論だ。だって3月に下がった時はもっと下がる可能性だってあったわけだし、その時に思い切って買ったという人はたまたまラッキーだっただけだ」と反論する人もいるだろう。確かに上がったのはたまたまだったかもしれないが、暴落した時に投資した人は、自分できちんとリスクを取ったから儲けることができたのである。つまり、そこで「買ってもまだ下がるかもしれない」というリスクを覚悟の上で勇気を持って買ったからこそ儲けることができたのだ。

繰り返しになるが、リスクを取らない限りはリターンを得ることはできない。まさにお金に執着する人はそれを失うことの恐れにこだわるあまり、リスクを取ることができないので、いつまで経っても儲けることができないのである。

「確定拠出年金で損益マイナス」が意味すること

さらに、お金に執着の強い人が投資でうまくいかない理由がもう一つある。それは前述したコロナ禍による暴落のような時になぜ売りたくなるのか？　という心理にある。暴落した時に損失が拡大することから逃れようとして結果的に一番悪いタイミングで手放すことになりがちということだ。

投資において、絶対にやってはいけないこと、それは暴落した時に売ってしまうことである。なぜなら、暴落した時点で損を確定してしまうと、その後の戻り相場で取り戻すことはできないからだ。もちろん個別企業への投資でその会社が倒産してしまうようなことになるのであれば、いくら損をしていても売った方がいいだろうが、少なくとも個別企業に投資をするのであれば、その企業の財務内容ぐらいは調べておくのが常識だろうから、急にそれほどひどい状況になるということは考えにくい。

もし市場全体に投資するようなインデックス投資をしているのであれば、慌てる必要は全くない。株式市場というのは永遠に上がり続けることもないが、さりとて永遠に下がり続けることもないからだ。リーマンショックの時だって、２～３年は低迷を続けたものの、数年のうちには株価は戻り、以前を上回る水準になっている。ところがお金に執着が強いと、暴落によって目の前で自分の資産が毀損していくのを眺めているのが耐えられないのだ。

そして、これはまとまった資金で投資している人だけに限らない。積立投資をしている人でもそういうことは起こりうる。積立投資の代表的なものは「確定拠出年金」だろう。企業年金連合会が２０２０年の２月に発表した「確定拠出年金実態調査結果（概要）」というのがある。[※]この報告書によると確定拠出年金の加入者で累計の損益がマイナスとなっている加入者が１・２％いる。

日本で確定拠出年金がスタートしたのは２００１年の10月なので、20年近く経っており、スタート当時の日経平均株価は1万円ぐらいだったから、現在は3倍くらいになっている。また米国のニューヨークダウ平均も当時は９０００ドルぐらいなので、こちらも3倍以上になっている。したがって、当時から積立を開始した人は少なくともプラスにはなっているはずと考えられる。ところが依然としてマイナスの人がいるというのは一体どういうわけなのか。

答えは簡単だ。日本も米国もこの20年間でかなり株価は上がったものの、この間、ずっと上がりっぱなしだったわけではない。途中、何度か大きな下落があったが、中でも大きかったのは２００８年のリーマンショックだろう。

なにしろ、当時株価は４割近く下がった。その時に慌てて持っていた投資信託を売り、そのお金を定期預金にして今日まで持っている人は、まだ依然としてマイナスが続いている。これは考えてみれば当たり前だ。下がったところで売るのだから損が確定するうえ、ほとんど利息のつかない定期預金にしてしまっては、そこから増えるわけがない。結果として損を確定したまま今日まで来てしまったということなのだ。

結局、長期的に資産形成をしようと思えば、ある種の〝鈍感力〟が必要なのかもしれない。もちろん「お金に執着のある人」が損を恐れるあまり最初から投資をしないのであれば、それはそれでかまわない。ただ、問題はそういう人が投資をすると結局損をしてしまう可能性が高まるということには注意が必要だろう。

※「確定拠出年金実態調査結果（概要）」（２０２０年2月28日　企業年金連合会）https://www.pfa.or.jp/activity/tokei/files/dc_chosa_kessan2018_1.pdf

column.1

「10万円損したら眠れない」人は投資をやるべきではない？

よく、リスク許容度は若い頃の方が大きくて年を取ると小さくなると言われます。このため、株式に投資する割合は「100マイナス年齢」が適当だと言われることもありますが、これは必ずしも正しくありません。年齢はあくまでもリスク許容度を決める一要素に過ぎないからです。リスク許容度を決める大きな要素は、「保有資産額」と「リスク耐性」です。言うまでもなく、保有資産額が多い人の方がリスク許容度は高いはずです。でもそれだけではありません。「リスク耐性」はそれ以上に大切なのです。リスク耐性とは〝価格変動に対して精神的にどれぐらい耐えられるか〟、ということです。

私が証券会社にいた頃、顧客で女性オーナー経営者の人がいて、国債を中心に10億円ほど債券を預けてくれていました。その人が「最近土地を売ったので新たに5億円ほど入ってきた」ということで、また国債を買いに来てくれたことがありました。私が「ありがとうございます。でも国債もいいですが、少しは株式を買ってみませんか？」とお勧めしたところ、「大江さん、私はね、株で損をするのが耐えられないの。だから株式投資はやらない」と言います。「でも社長、損が耐えられないとおっしゃいますが、商売で損することだってあるんじゃないですか?」と尋ねると、「それは仕方ないわ。自分の見通しが間違ったということだものね。でも私は株式投資のことは何も知らない。それで損をしたらたとえ10万円だって夜も眠れないのよ」とのことでした。

わからないものに投資をしたくない、ということの社長の考え方は正しいと思います。と同時に、この人のようにリスク耐性の小さい人はいくら保有資産額が多くてもやはり株式投資はやるべきではないのだろうと思います。当時サラリーマンだった私は、自分で商売して苦労してきた人はそれなりにリスクとの向き合い方がわかっているのだなということを教えられました。

第2章
投資の〝常識〟に潜む罠

1 長期投資で「リスク」は小さくならない？

「リスク」とはそもそもどんな意味？

世の中には「長期投資原理主義者」とでも言うべき人たちがいる。投資で一番良い方法は長期投資であり、それさえしていれば長い目で見て損をすることはない、という考え方である。運用の手法として、長期投資に一定の効果があることはその通りだが、さりとて万能というわけではない。長期投資をすればリスクが小さくなるかといわれると、必ずしもそうではない。リスクの意味を間違えて解釈している人たちの多くは、そのあたりを深く考えていないように思える。

そもそも「長期投資でリスクが小さくなる」という場合の、この「リスク」というのは一体どういう意味なのだろうか？　「リスクというのは『損をするということ』ではないのですよ。『投資した結果がブレること』を言います。間違えてはダメですよ」。投資を始めたばかりの初心者の人は、セミナーなどで講師からよくこういう話を聞かされる。これはその通りなのだが、初心者の人にはどことなくしっくりこないと感じるだろう。なぜなら世間一般的にはリスク＝危ない＝損すること、という解釈の方が自然だからだ。

確かに資産運用の理論においては「リスク」は不確実性、つまり投資した結果がブレることであると定義されている。そしてそれは正しい。ところが世の中の多くの人はリスク＝損と考えている。事実、資産運用理論の世界以外では多くの場合、リスクという言葉は「危険性」を意味しているからだ。実はリスクという言葉の意味をどう理解するかによって、投資の考え方やスタンスもまるで違ってくる。

収益のブレは長期投資では小さくなりやすい

もし仮に「リスク＝収益のブレ」と定義すると、「長期投資がリスクを低減する」というのはある程度正しい。この場合の〝リスクが低減する〟というのが一体何を意味しているのかというと、「単位期間当たりの標準偏差は計測期間を長く取ることで、平均値に近づく」

ということだ。少し難しいのでわかりやすい例を出してみよう。例えば一番わかりやすいのは気温である。夏は猛暑の年もあれば冷夏の年もある。冬だって厳冬の年もあれば暖冬の年もあるといった具合に、年によってその温度差は変化する。こうした気温変化の上下は予測できないし、年によって気温の高低差が大きい年も小さい年もあるのが自然だ。この場合、株価を温度になぞらえると温度差の大きい年はリスクが大きいということになるし、その差が小さい年はリスクが小さいという表現になる。

ところがこの変化を50年とか100年とかのスパンで見てみると、変動幅はだんだん平均値に近づいてくる。要するに「長期投資がリスクを低減する」というのは、「長く投資をすればその変動幅は平均値に近づきますよ」というごく当たり前のことを言っているのに過ぎないのだ。

長期投資では、むしろ損をする可能性が高くなる

一方、「リスク＝損すること」に限定して解釈した場合は、「長期投資がリスクを低減する」というのは明らかに間違いである。長期投資ではむしろ損をする可能性は高まる。これ

は誰が考えてもわかるだろう。リスクの大きさは「投下金額×投下期間」に比例する。つまり多くの金額を投入すれば、儲かる時はたくさん儲かるが、逆に損する時も損失が大きくなるし、投資をする期間が長くなるほど、株価が何倍にもなる可能性のある一方で、リーマンショックやバブル崩壊などのような大きな下落に遭遇する可能性も高くなるからだ。

滅多に起きることはないが、もし起こったらかなり破壊的な損害を与える事象を「テールリスク」と言うが、長い期間投資をしていればいるほど、テールリスクに遭遇する率は高まる。仮に市場全体に大きな下落が起きなくても自分が個別に投資している先が破綻する可能性だってある。したがって想定外のことが起きる確率は上がると考えるのが自然だろう。

長期になればなるほど、不確実性は高まり、損失の可能性も大きくなるのは当然だ。逆に言えば儲かる可能性も大きい。実際に長期にわたって成長する企業に投資をしていれば企業価値は上がり、株価が大きく上昇するということもあり得るからだ。ただ、〝損をする〟という一点のみに絞って言えば、長期保有すればするほど、その可能性は儲かる確率と同じぐらい高まると言っていいだろう。特に普通の人は前述したように暴落した時ほど売りたくなる傾向があるのでなおさらだ。

いつのまにかダメージが大きくなる「低温やけど」

　やっかいなことに多くの評論家やＦＰ、そして金融機関の人たちはセミナーなどで、常に前述のように「リスクというのは損をすることではない。ブレ幅のことだ」と言い、さらには「長期投資をすればリスクは小さくなる」と強調する。確かにリスクをブレ幅だと考えれば、言っていることは間違っていないが、多くの人はそうは思っていない。普通は「リスクが小さくなる＝損をする可能性が少なくなる」と理解しているため、「長期投資をすれば損をする可能性は少なくなるのだ！」という勘違いが生まれてくるのである。人間は難しいことを理解する場合、自分なりに解釈したり、自分がわかりやすい概念に置き換えたりすることがある。「リスク＝結果の不確実性」という概念はなかなか難しい概念であり、簡単には理解しづらいためにこういう理解の置き換えが行われることになるのだ。

　さらに長期投資に関して言えば、もう一つ注意すべきことがある。それは期待リターンだ。期待リターンというのは「投資をすることで将来得られるであろう平均的な収益」のことを指す。言うまでもなく、この期待リターンがプラスかマイナスかというのは長期投資の場合には非常に大きな影響を与える。バブル崩壊後の東京市場のように長期に低迷が続いた場合、すなわち期待リターンがマイナスの市場だと長期で持てば持つほど損失は大きくなる。言ってみればコタツで寝てしまった場合に起こりうる低温やけどみたいなもので、気がついた時にはダメージが大きくなっているということになりかねない。

「長期に持っていれば儲かる」というのは期待リターンがプラスの市場だし、投資する対象が利益成長を続けた場合の話である。どんな場合でも長期投資すればよいというわけではないのだ。

分散投資と組み合わせてこそ効果がある

それでも私は長期投資が悪いとは思わない。運用結果の不確実性であるリスクをコントロールするための手法として、一定の効果があることは間違いないからだ。ただ、期待リターンがマイナスの市場へ長期にわたって投資をし続けると損失は拡大していくし、大きな暴落の局面に遭う可能性だって高くなることもまた事実だ。

また、期待リターンがプラスの市場で運用すべきだと言ったが、期待リターンというのはあくまでも将来の予想であって、最終的にプラスになるかどうかは誰にもわからない。

したがって、重要なことは異なる市場へ分散投資をしておくことである。長期投資によるリスク低減も分散投資を組み合わせることによって初めてその効果が生きてくるからだ。

もちろん、リーマンショックの時のように世界中の株式市場が全部同じように下がってしまうこともある。ただ市場というものはこうした大暴落が起こってもその後はそれを乗り越えて成長していることも多いし、仮に一つの市場の不振が続いたとしても他の市場が必ずしも同様の動きになるとは限らない。現に１９９０年以降、日本株が長期低迷を続けていた間も米国株式市場は基本的にはずっと右肩上がりのトレンドだった。中国に至ってはさらにその傾向は顕著である。幅広く分散投資をしていれば、やはり一定の効果があるということは言えるだろう。

いずれにしても「長期投資」に対する盲信は禁物だ。「リスク」ということの意味をしっかり理解し、長期投資の有効性についても正しく知った上で活用することが大切ではないだろうか。

2 ハイリスクは決してハイリターンではない

投資の世界においてよく使われる「ハイリスク・ハイリターン」という言葉がある。どうもこの言葉については間違った理解をしている人が多いようだ。それどころか、金融機関の説明でも間違っていることがある。私も以前は時々銀行や証券会社の店頭を訪ねて、金融商品についてどんな説明をするのか聞いてみたものだが、間違った説明は結構多かった。

しかしながら、リスク・リターンの関係というのは投資する上では基本中の基本だ。この大原則に対する理解を間違ったままでは、投資において大きな損をすることになりかねない。そこで、リスクとリターンの正しい関係について考えてみたい。

「リスクの高いものはリターンも高い」は明らかな間違い

間違いの最たるものは、この言葉の意味を「リスクの高いものはリターンも高い」と理解していることだ。これは恐らく「ハイリスク・ハイリターン」という言葉の順序通りに理解するからそうなるのだろう。私が話を聞きに行った銀行や証券会社主催のセミナーでもこういう説明がされていた。ところがこれは明らかな間違いである。ハイリスクのものは決してハイリターンではないのだ。

これはよく考えてみると当然だ。前節でも話したように投資の世界において、リスクというのは結果の不確実性のことを言う。つまり投資した結果が儲かるか損するかのブレ幅のことだ。したがって「リスクが高い」というのはブレ幅が大きい、すなわち儲かる場合と損する場合の差が大きいということを表している。「儲かるか損するかわからないし、その差は大きくブレる」ということになるから、リターンが高い（＝たくさん儲かる）とは言い切れないはずだ。

にもかかわらず「リスクの高いものはリターンも高い」と言ってしまうと、それは「儲かるか損するかわからなくてブレ幅の大きいものは儲かる」という訳のわからない日本語になってしまう。つまり、「リスクの高いものはリターンも高い」というのは明らかに論理矛盾ということになる。

ところが多くの人は金融機関などから間違った説明を受けてしまった結果、「たくさんリスクを取ればたくさん儲かる」と勘違いをしてしまうことになる。例えば「リスクの高いものはリターンも高いのです。だからもっと儲けたいのならもっと積極的にリスクを取りましょう！」と営業マンから勧められる。それに乗ってしまってひどい目に遭った投資家もいることだろう。これは、リスク・リターンの概念を正しく理解していなかったからそういうことになるのだ。

では「ハイリスク・ハイリターン」の正しい意味は何か。それは「高いリターンを求めると必ずリスクは高くなる」ということである。

先ほどの解釈と似た表現のように思えるが、意味は全く異なる。別な表現をすれば「大きく儲けようと思うと大きな損も覚悟しなければならない」というごく当たり前の話となる。リスクが高いということは、大きく儲かる可能性があるのと同じぐらい大きく損することもある、ということであるから、この表現であれば論理的に正しい。

なぜ違いが起きるのか

ではなぜそんな風に間違った理解になってしまうのか。図1を見てほしい。この図は縦軸がリターン、横軸がリスクを表している。この図に書かれた斜めの線は「資本市場線(Capital Market Line)」といって、投資理論の中ではよく知られたものである。この図の意味するところは単に「リスクとリターンの間には正の相関関係がある」ということを表しているだけに過ぎず、別に高いリスクを取れば必ずリターンが高くなるということを意味しているわけではない。にもかかわらず、リスクとリターンの概念を説明する時にはこの図をベースにして、右上に行けば行くほどハイリスク・ハイリターンという説明がなされることが多いのである。

さらにご丁寧なことに、この斜め線の周りに様々な種類と投資信託の商品がプロットされている(図2)。そしてこの図は金融機関からの説明の時によく使われる。「この商品はリスク・リターンで見るとどのあたりにあるか」という図だ。

大きなリスクを取っても
リターンは大きくならない？

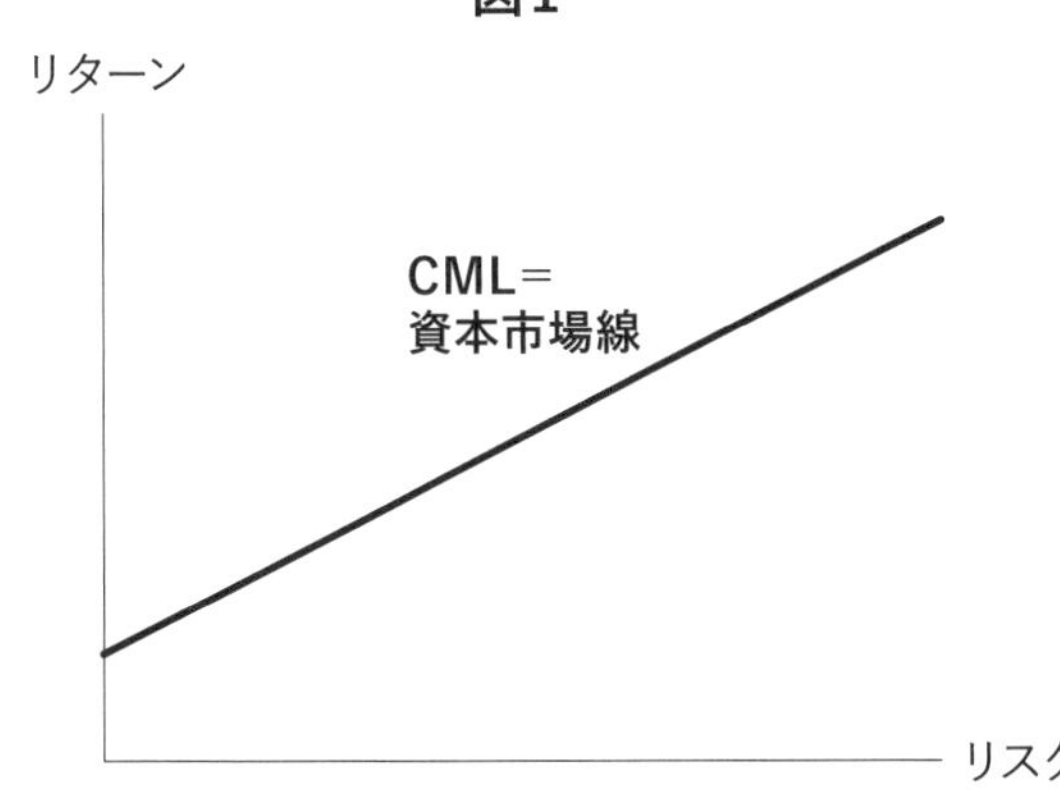

図2

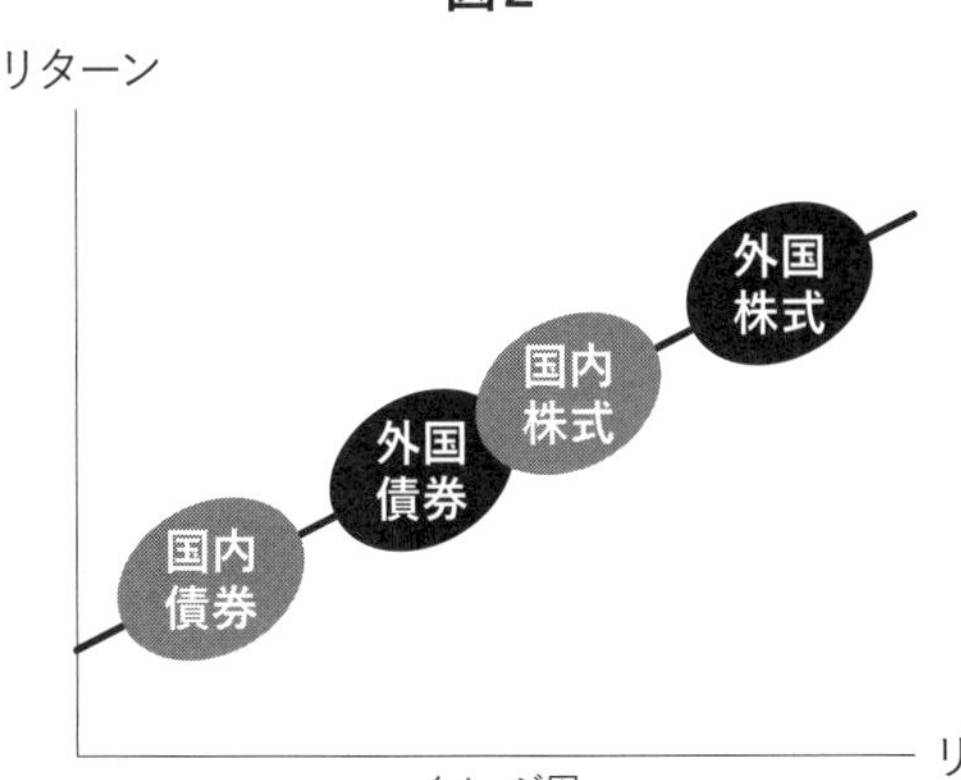

イメージ図

確かにこの図を単純に見ると、右肩上がりになっているので右へ行けば行くほど、すなわちリスクをたくさん取れば儲けは大きくなる、と勘違いしてしまうのも無理はない。

でも本来ならこの図の上の部分と同じものが下にも展開されていないといけないはずだ。なぜなら、本来、この図の横軸で表しているものはリスクではなく、自分が望むリターンの水準である。したがって、右に行けば行くほど高いリターンを求めることになるため、リスク（リターンのブレ幅）は大きくなる。ということは上の部分すなわち儲かる場合と同じぐらい下の部分、損をする可能性を表示しないといけないのは当然だ。

ここにごまかしがあり、勘違いを誘発させる説明が生じる。金融機関も恐らくは悪意を持って間違った説明をしているわけではないだろう。彼らも不勉強だからよくわかっていないのだ。

また始末が悪いことに、一般的に言えばハイリスク・ハイリターンの商品ほど信託報酬が高くなるという傾向がある。販売する側からすれば収益の良い商品を勧めたくなるのは当然だ。したがって「余裕のある資金なら高いリターンを得られるように高いリスクを取りましょう」ということになりがちだ。

図３
リスクとリターンを正確に図解すると……

イメージ図

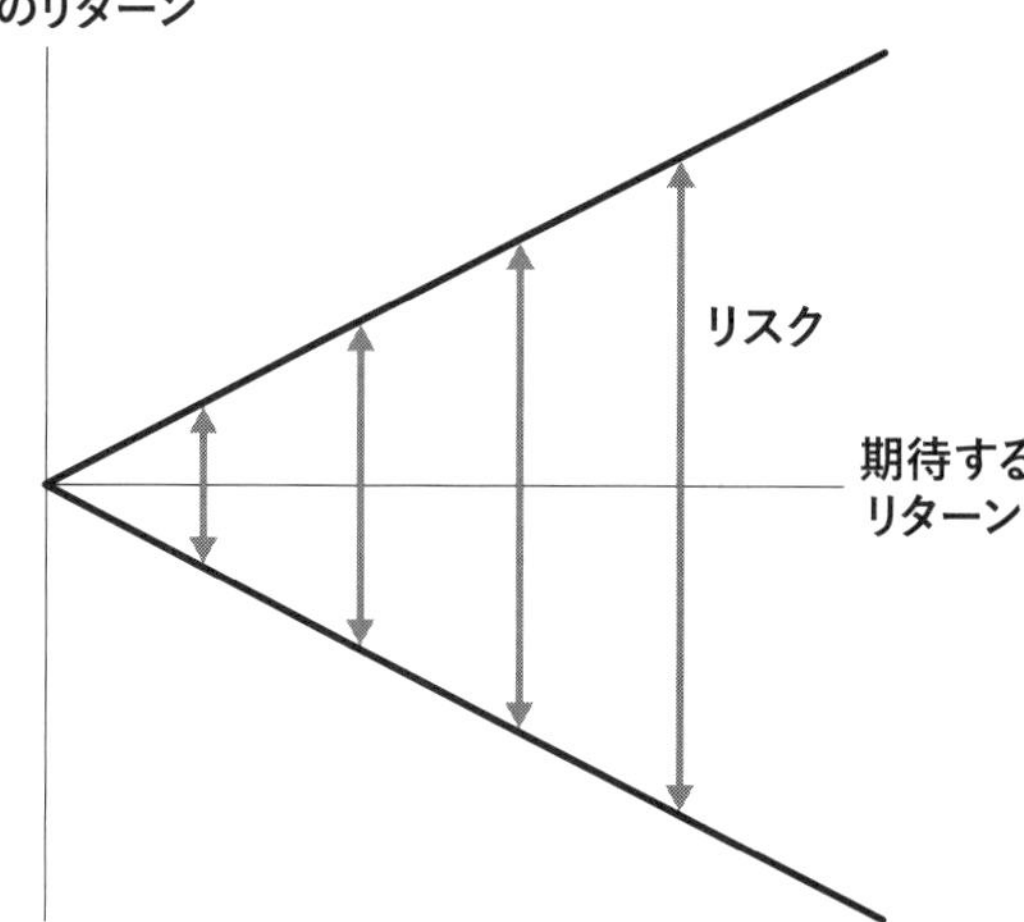

では、リスク・リターンのイメージをできるだけ正確に表現しようとするとどのような図になるだろう。それが図３だ。これは縦軸が損益（リターン）を表しており、横軸は自分が期待するリターンを示している。そして縦軸の真ん中はゼロ、すなわち儲けも損も発生しないという位置だ。

横軸は期待リターン、すなわち自分が得たいと思っている利益のことを表しているわけだから、右へ行けば行くほど自分が儲けたいという金額は大きくなり、その分儲かる場合と損する場合の差も大きくなるということになる。結果として、右に行けば行くほど結果の開きが大きくなるという、いわばラッパのような形になるというわけだ。そしてこの上と下の開きの度合いがリスクの大きさなのだ。

金融機関などが説明する時に使う図2だと、この図の上半分しか示しておらず、一番下がゼロに見えるからどうしても勘違いをしがちになる。でも最悪はゼロ、つまり儲けも損もないということではなく、大きく損が生じることもあるわけだから上と下に同じだけのブレがないとおかしい。つまり上に行けば行くほど儲けは大きくなるし、下へ行くほど損は増えるということを図示しないというのは明らかにミスリードである。

ローリスク・ローリターンの本当の意味

では、逆に「ローリスク・ローリターン」はどう表現すればいいのだろう。これも「リターンの低いものはリスクも低い」と理解されている場合が多いが、正しくは「低いリスクのものは低いリターンしかもたらさない」というのが本来の意味だ。リスクが低いということはブレが少ないということだから、損が少ない代わりに儲けも少ないのは当然だ。

リスクとリターンというのはトレードオフの関係にある。トレードオフとは両方が成り立たない、つまりどちらかを得れば他方を失うという関係だ。たくさん儲けたければたくさん損をする可能性も覚悟しなければならないし、損をするのが嫌であればそれほど高い利益を期待することはできない。これは投資においてはごく当たり前のことであり、この原理原則をきちんと理解していないと失敗する。

投資を始める場合に大切なのは、何よりも自分の取れるリスクが一体どれぐらいだろうかと考えることだ。その上で、自分の取れる範囲内でできるだけ高いリターンを狙うべきである。リスクを顧みず、リターンだけを追うのは投機であって、投資とは言えない。

3 分散投資は正しいやり方でないと意味がない

「第一志望だけでなく複数出願する」ことの有効性

本章の第1節で、単に長期投資すればいいのではなく、分散投資も併せて行うことで、初めて有効だということを述べた。しかしながら、ここでも正しい理解に基づいた分散投資をやらないと意味がない。単に投資先を分散しただけでは駄目なのだ。

多くの人は恐らく、分散投資が有効だということについては直感的に理解しているはずだ。日常生活の中でも「うまくいかなかった時のために複数の手段を考えておこう」とか、受験において「第一志望だけではなく、複数校に願書をだしておこう」といった発想で複数の選択肢を用意しておくことは重要だと考えられている。これらはいわば、何があっても最悪の事態にならないように、とか損失が生じないようにという目的で行われるもので、これはいわば「リスクヘッジ（リスクを避けるための保険）」のためにやっていることである。

財産管理の場合においてもよく言われるのは「財産三分法」というもので、これは様々な分け方があるが、最も一般的なのは「現預金」「有価証券」そして「不動産」である。これらはいずれも流動性、安全性と収益性のバランスを考えて自分の財産を3つの種類に分けておくべきだということである。このこと自体は財産管理の方法としては正しい。

ただ、投資の世界における分散投資はこうした資産分散とは少し意味が違う。漠然と財産を守るためにいくつかの資産に分けておくということではなく、「複数の銘柄（資産）を組み合わせて保有することで、単独で保有するよりもリスクを小さくする」ことを狙いとするのである。この場合の「リスク」とは言うまでもなく損をするとか、危険という意味ではなく、運用の結果のバラツキのことであり、リスクを小さくするというのはそのバラツキを小さくするということである。

「現代ポートフォリオ理論」とは

米国の経済学者でノーベル経済学賞を受賞したハリー・マーコウィッツという人がいる。彼が1952年に発表した論文に基づいて研究された資産運用に関する理論が「現代ポートフォリオ理論（Modern Portfolio Theory：MPT）」である。現代において資産運用の世界で使われている考え方は、全てこの「現代ポートフォリオ理論」に基づいていると言っても差し支えない。ポートフォリオというのはイタリア語が語源の言葉で、「紙ばさみ」「書類入れ」という意味であるが、資産運用の世界でこの言葉は「複数の資産を組み合わせて運用するその中身」のことを表している。

本来の意味が一つのケースの中に異なる別々の書類を入れることから転じて使われたのであろう。「現代ポートフォリオ理論」の骨組みは、複数の異なる資産を組み合わせること（ポートフォリオ）によって、価格変動リスク（値動きのブレ幅）をコントロールすることにある。この理論の中で一つの重要なキーワードが登場する。それが「相関係数」である。

「相関係数」が重要なポイント

ここからは少し面倒くさくなるので、興味のない人は飛ばしてもらってもいい。結論である「相関係数が負（動き方が逆方向）の場合に分散投資が効果を発揮する」という事実だけをそのまま知っておいてもらってもかまわない。

相関係数というのは、２つの異なる銘柄間における値動きの法則性を表すものである。例えばＡとＢという２つの銘柄があり、Ａが上がればＢも上がるといった具合に同じ方向に動く性質であれば、それは「正の相関関係にある」というし、Ａが上がれば逆にＢは下がるという性質があれば、それは「負の相関関係にある」と表現される。**分散投資がその効果を表すのは「負の相関関係にある」時である。**

具体的に実際の数字で見てみよう。図４を見てほしい。例えばここに銘柄Ａという株式がある。これは期待リターンが５％で、リスクが10％となっている。ごく簡単に言えば、平均的に想定される利益は年率５％であるが、そのブレ幅はそこから上下10％、すなわち一番良い時が15％で一番悪い時はマイナス５％という前提である（実際の計算はかなり複雑だが、

図4
分散投資がその効果を発揮する時

	リターン	リスク
銘柄 A	5%	10%
銘柄 B	10%	20%

シンプルにわかりやすくするためにここでは単純化している）。一方、もう一つのBという銘柄は期待リターンが10%でリスクが20%となっている。Aに比べると期待リターンは倍であるから当然リスクも大きい。ここではシンプルに説明するためリスクも倍の20%にしてある。

さて、ここからが重要だ。相関係数はプラス1〜マイナス1の間で動く。相関係数がプラス1ということは、銘柄Aが10%上がれば銘柄Bも全く同じように10%上がるということだ。逆に相関係数がマイナス1というのは、Aが10%上がればBは10%下がるということを意味する。このAとBという銘柄が仮に全く同じ値動きをするとしよう。つまり相関係数がプラス1の場合である。実際にはそんなことはあり得ないのだが、理屈を理解するためなので容赦してほしい。次にこのAとBの組み入れ比率を0から100%まで7通り

図５
相関係数がプラス１の場合

		相関係数（+1）	
	Aの比率	リターン	リスク
ポートフォリオ１	100%	5.0%	10.0%
ポートフォリオ２	90%	5.5%	11.0%
ポートフォリオ３	70%	6.5%	13.0%
ポートフォリオ４	50%	7.5%	15.0%
ポートフォリオ５	30%	8.5%	17.0%
ポートフォリオ６	10%	9.5%	19.0%
ポートフォリオ７	0%	10.0%	20.0%

考えてみる。すなわちポートフォリオ1から ポートフォリオ7までの7パターンだ。その場合にそれぞれのポートフォリオのリターンとリスクがどうなるかを表にしたのが図5である。

この図を見るとおわかりのようにAとBという2つの銘柄を組み合わせたポートフォリオはその組み入れ比率によって比例して動いている。具体的に言えばAだけの場合はリターン5％でリスク10％だが、少しずつAの比率を下げ、Bを増やしていくにつれてリターンは上がるがリスクも上がる。例えば一番わかりやすいのは50％ずつの場合だ。これなら両方を足して2で割ればいいのでリターンは（5％＋10％）÷2＝7・5％だし、リスクは（10％＋20％）

÷2＝15％となっている。他の組み合わせ比率でも、その比率を単純に掛け算した数字から計算することができる。

「濃いジュース」と「濃いジュース」を混ぜるともっと薄くなる

一方、相関係数がマイナス1の場合を考えてみよう。これはAが上がれば同じ割合でBが下がるという状況である。この場合も先ほどと同じように7つのポートフォリオを作って、それぞれのリターンとリスクを表にしてみると図6のようになる。

どうだろう、今度は少し景色が違って見えてくる。先ほどと同じように組み入れ比率を変えていった場合、期待リターンは先ほどと全く変わらない。それぞれの比率で単純に掛け算して出てくる数字だからだ。ところがリスクの様子が全く異なる。これは比例して動くのではなく、反比例して動くことによってプラスとマイナスが相殺されるため、単純に掛け算だけでは割り出せないからだ。

したがってリスクが小さくなるというのは同じリターンでありながら、ブレ幅は小さくなる、すなわち運用の結果が安定するということを意味する。先ほどの相関係数がプラス1の

図６
相関係数がマイナス１の場合

		相関係数（−1）	
	Aの比率	リターン	リスク
ポートフォリオ１	100%	5.0%	10.0%
ポートフォリオ２	90%	5.5%	7.0%
ポートフォリオ３	70%	6.5%	1.0%
ポートフォリオ４	50%	7.5%	5.0%
ポートフォリオ５	30%	8.5%	11.0%
ポートフォリオ６	10%	9.5%	17.0%
ポートフォリオ７	0%	10.0%	20.0%

場合と比べると、少しの比率でも組み合わせることによって同じリターンでリスクは小さくなる。この場合で言えば最も小さくなるのはA：Bの割合を70：30にした「ポートフォリオ３」の場合で、なんとリスクは１％だから、ポートフォリオ全体の値動きはかなり小さくなるということになる。これが分散投資の効果なのだ。

資産運用の世界では、これを「濃いジュースと濃いジュースを混ぜるともっと薄くなった」と表現することもある。もちろん、これは数字の上での話なので、実際にはこの通りになるわけではないが、考え方としては正しい。

値動きの性質の異なるものに分散投資しなければ意味がない

このように、単に複数の資産カテゴリーや銘柄に分散するだけではあまり意味がない。相関係数が負のもの、つまり値動きの性質が全く異なるものを組み合わせることが重要なのだ。

資産カテゴリーで言えば、株式と債券、それぞれ国内と海外で考えると基本的な4つのカテゴリーとなるが、さらに海外でも新興国と先進国、あるいは国内や海外のＲＥＩＴなどもある。これらのカテゴリーごとの相関係数はネットで調べれば見ることができる。

さらに株式の個別銘柄であれば、銘柄間の相関係数を調べるのは難しいが、ある経済状況によってプラスになる業種とマイナスになる業種で考えることは可能だろう。

わかりやすく言えば、為替が円高になれば輸出産業にとってはマイナスだが、輸入産業にはプラスに作用するし、円安の場合はその逆といった具合だ。

まあ、個別銘柄の相関係数は難しいので、分散投資をするなら、やはり資産のカテゴリーごとの分散で考えた方がいいだろう。

4 積立投資は最高の方法……とは限らない

信奉者の多い積立投資法　実は「多少マシ」程度？

毎月一定の金額で株式や投資信託を購入する「積立投資」という手法がある。投資はある意味、宗教に近いところがあり、それぞれが信奉する流派の教義が最も正しいと信じがちな傾向がある。この流派の違いは後ほどまた詳しく説明するとして、ここでは多くの信奉者を持つ「積立投資」について考えてみたいと思う。

誤解のないように言っておくが、筆者は積立投資がダメな方法だとは全く考えていない。それなりにメリットもあるし、筆者自身も何年にもわたって積立投資を実践している。ただ、積立投資が常に最高の方法か？　と言われると少々疑問が出てくるのだ。もう少し言い加えると、投資は常に頭を柔らかくしておくことが重要であり、何か1つの手法や考え方に凝り固まってしまうと往々にして失敗する。

本章の第1節で述べた長期投資もそうだが、この積立投資も同様で、他にあるたくさんの投資方法と比べると、いくらかはマシであることが多いが、さりとて最高の方法とは言えない。なぜそうなのかをここからお話ししよう。

ドル＝コスト平均法は優れた方法か

株式や投資信託へ積立で投資する場合は「ドル＝コスト平均法」というやり方が使われる。最近話題になっている:iDeCoやつみたてNISAも、このドル＝コスト平均法を使って投資する制度である。これは毎月一定の金額で同じ投資対象に投資をし続けるやり方で、一般的には長期的に資産形成をするには最も良い方法である、と言われている。

なぜドル＝コスト平均法が有利かというと、この方法の最大の特徴は「定額購入」というところにある。つまり価格が高かろうが安かろうが関係なく、一定の金額で購入を続けるというやり方だ。

これによってどういうことになるかというと、購入する金額が一定なので価格によって購入する数量が調整される。すなわち高い時は少ししか買わず、安くなったらたくさん買うという結果になる。本来ならば高い時は買わない方がいいのだが、いつが高い時か安い時なのかは事前には誰もわからない。それを的確に当て続けることなどほぼ不可能だ。そこで定額購入することで自動的に調整することができるために長期の資産形成には優れた方法だと言われているのである。

でもドル＝コスト平均法は本当に最も有利な投資方法なのだろうか？　私は必ずしもそうではないと考える。確かに一定金額で買っていくことによって自動的に数量が調整されるわけだから、相場が下落していく局面においては高値で一度に買ってしまうことに比べれば取得株の平均コストが下がることは確かだ。したがって「これは良い方法だ」と思いたくなる気持ちは理解できる。

でも逆に相場が上昇していく局面ではどうだろうか？　この場合はドル＝コスト平均法で買うよりも一括で買った方がずっと有利になる。

これから上がるというタイミングでは不利

図7を見ていただきたい。これはドル＝コスト平均法を使って株式を積立で購入したケースをごく単純に図式化したものだ。実際にはこんな極端な値動きをするわけではないが、わかりやすく説明するために極めて単純化したものである。①②どちらも毎月1万円ずつで購入した場合だ。

①は下落した後に上がった場合で、購入株数の合計は26・6株となるが、時価は最初の価格と同じ2000円なので評価額は5万3200円となり、購入金額の合計額4万円を大きく上回っている。ところが、①とは全く逆の動きで最初は上昇するが最後は下落して元の値段に戻った②の場合、評価額は3万1600円となり、こちらは購入合計額の4万円を大きく下回っている。どちらのケースでも最初に一括して4万円で購入していれば、①のケースでも②のケースでも同じ4万円のままであることは言うまでもない。

すなわち、どんな相場の状況でも常にドル＝コスト平均法が有利ということではないのだ。株式市場というものは、永遠に上がり続けることもなければ永遠に下がり続けることも

図7
ドル＝コスト平均法で
株式を積立で購入したケースでは

①下がり続けた後、上がった場合

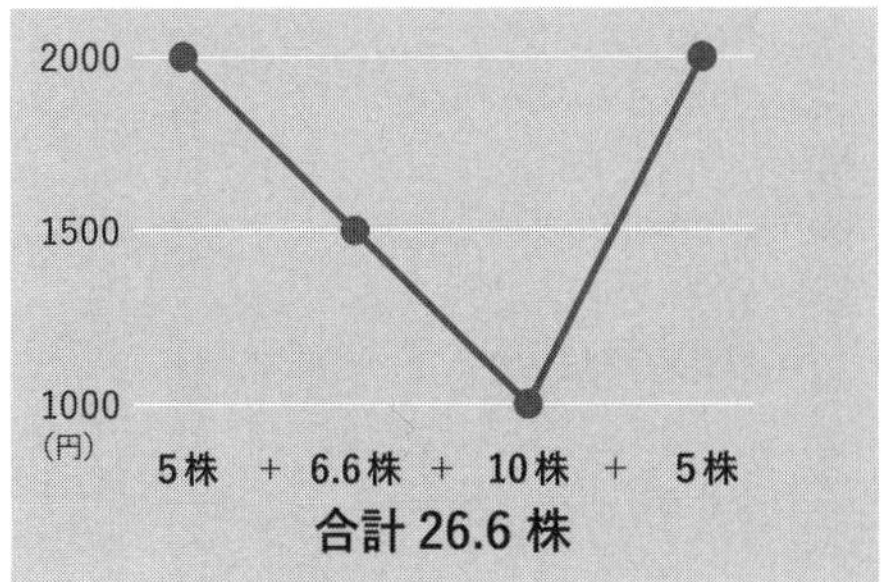

投資金額：4万円
時価評価：5万3200円

②上がり続けた後、下がった場合

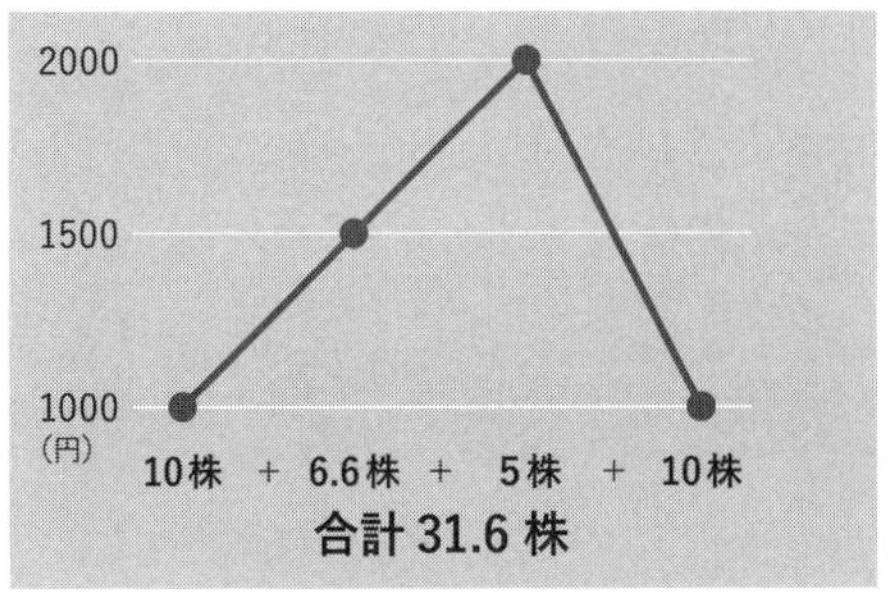

投資金額：4万円
時価評価：3万1600円

ない。したがって、これから相場が下がり始めるという時にはドル＝コスト平均法で購入するのは良いやり方であるが、逆に相場が上がり始めるタイミングでドル＝コスト平均法を使うのは必ずしもベストとは言えないのだ。

結局、いつ買ってもリスク・リターンは変わらない

また、一括投資とドル＝コスト平均法の比較で言えば、これは単純に購入のプロセスが異なるだけであり、買い付けが終わるまでの取得コストには違いがあるものの、一旦保有した後のリスク・リターンの関係で言えば同じ投資対象に投資しているのだから同じであるのは当然だ。

ドル＝コスト平均法で買ったからといって、その後特別に有利になるわけでも不利になるわけでもない。買い付けのプロセスにおいても下落相場の時には一括で買うよりもドル＝コスト平均法の方が高いリターンになるが、上昇相場の時は逆に一括投資の方が高いリターンが得られる。

積立投資の本当の効用は

では積立投資にはあまり意味がないのだろうか。私は決してそうは思わない。積立投資に用いられるドル＝コスト平均法には、投資手法とは別の面で大きなメリットがある。それは高いリターンが得られることでもリスクが低くなることでもなく、購入をルール化してしまうことで、上がり下がりに対して気を揉んだりする必要がないこと、そして市場の動きに惑わされて不合理な意思決定や投資判断を下すことを防げるということだ。

多くの人は株価が下がると見るのも嫌になるし、積立投資をやめたくなるだろう。逆に上がってくるとうれしくなって毎日価格をチェックし、余裕があれば買い増しをしたくなるものだ。言うまでもなく、それらの行動はあまり良い結果をもたらさない。むしろ下がった時に買い、上がった時は冷静に売るのが賢いやり方だ。

とはいえ、人の気持ちはそれほど強くない。多くの人がやっていることや自分の素直な気持ちと逆のことをするためには非常に強い意志が必要となるため、容易ではない。その点、積立投資であれば、定額購入であるため、上がろうが下がろうが関係なく一定のルールで購入を続けることができる。したがって、誰でも簡単に論理的に正しい購入ができるというのが大きなメリットと言っていいだろう。

ただ、世の中にうまい話はない。何も考えずに積立投資をしていれば儲かるかというと決してそういうわけではない。投資信託の積立投資よりも、長期的に成長する企業を自分で調べて考え、リスクを取って長期に保有することの方が恐らくはるかに多くの利益を得られるだろう。

ただ、そういう努力をするのが面倒だと考えたり、深く考えずに行き当たりばったりで株式投資をしたりするぐらいなら、大して儲かることはなくても積立投資の方が良い成果を得ることはできるだろう。つまり、積立投資というのは下手に投資をするよりはいくらかマシな方法だということに過ぎないのだ。

積立投資を勧められたら注意すべきこと

さらに、積立投資は心理学的には良い購入方法だと思うが注意すべき点はある。

一つは、同じ投資対象に投資し続けるわけだから、リスクが集中するということだ。バランス型のインデックス投信のように投資対象が初めから分散されているものであれば良いが、株式の個別銘柄や金などが投資対象の場合はあまり集中しない方が賢明だ。

特に従業員持株会は、給料というフローの収入に加えて、ストック資産まで会社に運命を委ねるということになるわけだから、これはあまりにもリスクが高すぎる。少しくらいの金額であればともかく、あまり多額を注ぎ込むべきではないだろう。さらに投資信託の場合、買い付けに手数料がかかると、小口で買い続けることで割高な手数料を払うことになりかねない。投資信託で積立投資をするのであれば、購入手数料のないものを選ぶべきだ。

積立投資を金融機関などの業者側から見れば、一旦契約してもらったお客さんからはずっと毎月安定的にお金が入ってくるから、これはとても効率的なビジネスだ。業者側がやたらと積立投資を勧めたり礼賛したりする理由もこの辺りにあると言っていいだろう。この方法さえ使えば安心とばかりに投資へ誘導するのは認知バイアスを使ったマーケティングの一種である。それにうまく乗せられてコツコツ投資なので安心とばかりに信託報酬の高い投資信託を長期にわたって積み立てるということにならないよう気をつけた方がいい。長期にわたって累積する高いコストというのは決して馬鹿にならないからだ。

私は決して積立投資やドル＝コスト平均法が悪いと考えているわけではない。一定の効果をもたらしてくれる方法であることは間違いないが、大切なのはやみくもにそれだけを信用しないことである。この方法は決して万能ではない。単に取引手法のバリエーションの一つであり、心理的な優位性と投資にかかるコストやリスクとは全く別のものであることを認識しておいた方がいいだろう。

5 初心者はおおいに一喜一憂すべし

なぜ、評論家は「一喜一憂してはいけない」と言うのか

投資に関して多くの評論家や金融機関の人たちは「目先の価格の上げ下げに一喜一憂してはならない」と言う。これは、短期のトレードをやっている人以外には正しいアドバイスであることは間違いない。

株価を最終的に決定するのは企業価値である。ところが短期的には株価は市場のセンチメントや需給に左右される。これはいわば市場のノイズのようなもので、どう動くかは予測不可能であるから、それを気にしてもしょうがない。だから最も大切なのは銘柄選択であり、それさえきちんと行われていれば、そしてその企業の業績の動向等に変化がないのであれば、一喜一憂すべきではない。

ところが厄介なことに人間の感情はそれほど論理的に動くようにはできていない。上がれ

ばうれしくなるし、下がると嫌になるのは当然だ。特に投資の世界は他と異なり、自分が判断して決めたことについて、損得の結果がすぐに表れる。何しろ株は買えば上がるか下がるかどちらかしかないのだから、買った途端にその結果はすぐに出る。買った途端に株価が下がったら、誰だって気分の良いものではないし、逆の場合は、心がウキウキするのは当たり前だ。

特に投資を始めた初心者の人ほど、その傾向は強くなる。しかしながら、上がってうれしくなってもむやみに買い増しをしない方がいいし、下がって嫌になったからと売ってしまうというのもあまり感心しない。人は感情の赴くままに売買をしていると往々にして逆の結果をもたらすからだ。だから「初心者は目先の上げ下げに一喜一憂してはならない」というアドバイスが出てくるのだ。

私が「おおいに一喜一憂するべき」と言う理由

とはいえ、これは感情の問題なので、いくら「一喜一憂するな」と言っても、それを守るのはかなり難しい。現に、投資を始めようとしている人が、事前に勉強をするために本を読むと、ほぼ例外なく「短期の値動きに一喜一憂してはならない」と書いてあるので、誰もがそのことはよく知っているし、理解している。でも実際に自分が投資を始めてみて価格の上がり下がりに直面すると、それが容易ではないことが実感されるはずだ。

そこで私はセミナーなどでも「投資初心者の人は別にかまわないのでおおいに一喜一憂してください」と言うことにしている。投資アドバイスのセオリーから言えば、これは邪道かもしれない。なぜそんなことを言うかといえば、それは多くの人間は経験からしか学ぶことができないからだ。いくら「一喜一憂するな」と言っても実際に直面したらそんなことはできない。であるなら、おおいに一喜一憂して、自然な気持ちに従って売買することで損をすればいいのだ。これから投資をしようとしている人に「損をすればいい」などと、ずいぶんひどいことを言っているように聞こえるかもしれないが、これは別に投げやりに言っているわけではない。多少の損を経験しないことには学べないことがあるのも事実だからだ。

例えば水泳を考えてみよう。水泳に関する本をたくさん読み、身体が水に浮く原理や手足をどう動かせば前に進むか、そして息継ぎはどのようにすればいいかを完全に頭で理解したとしよう。でもその知識でもっていきなり水に飛び込んで泳げるだろうか。恐らく難しいはずだ。多くの人は小学校で水泳を習うだろうが、まずは顔を水につけることから始めバタ足を習い、ビート板を持って練習しながら、少しずつ泳ぎが身につくはずだ。時には鼻やのどに水が入って苦しい思いをしながら、上手に息継ぎする技術を学んでいく。

投資もこれと似たような面がある。始める前に少なくとも基本的な知識を身につけることは重要なことだし必須であるとは思うが、投資の本を何十冊読んでもそれだけでうまく投資できるわけではない。何よりも「経験する」ことが大事なのだ。

人間の自然な感情に任せて判断すると、失敗する可能性が高い。投資はそれほどやさしいものではないからだ。しかし身をもって学んだ失敗は今後の糧となるだろう。したがって、初めのうちはおおいに一喜一憂し、心の赴くままに売買して失敗を経験すればいいのだ。

不合理な心理は、少額投資で体験しておくとよい

ただし、注意すべきことがある。それは、「投資を始めるにあたっては少額から始めた方がいい」ということである。

失敗を経験すればいいと言っても、その損が精神的にも経済的にも大きなダメージを与えるようなものでは具合が悪い。投資に伴う感情の起伏は額の大小を問わず同じである。少しの金額でも上がればうれしいし、下がれば悔しい。したがって、まずは少額で投資を始めることによって不合理な心理を体験すればいいのだ。そうすれば損をしたとしてもそれほど大きなダメージにはならないだろう。

今の時代は投資金額のハードルはかなり下がっている。株式の場合も単元株の10分の1で購入できる場合があるし、投資信託の多くは一口千円単位、中には百円単位で購入できるものがある。仮に毎月1000円ずつ投資をして3年間続ければ投入した金額の合計は3万6000円だ。仮に失敗して半分になってもその損は1万8000円。何度か飲みに行けば使うぐらいの金額だ。

金融機関にしてみれば、こんな100円とか1000円といった少額では恐らく採算が合わないだろう。

にもかかわらず、こうしてハードルを低くしているのは、それによってうまく儲かった時にもっと大きな金額を投入させようという狙いがあるからだろう。しかしながら、儲かったからもっと大きな金額で投資しようというのはやめた方がいい。私は逆にそのハードルの低さを利用して「損をする体験」をすればよいと思う。少なくとも失敗する体験を経てから大きな金額を投資すべきである。

「投資家の仕事は損をすること」の意味

投資を始める前から損をすることを想定してやるのは変ではないか？　と思われるかもしれないが、投資は損をするものなのである。

作家の橘玲氏の著書『臆病者のための株入門』には「投資家の仕事は損をすることである」と書いてある。ややシニカルな表現であるが、これは別な言い方をすれば「投資家の仕事はリスクを取ることにある」ということを言っているのだ。

つまり「損をする可能性を十二分に考慮してリスクを取る」べきであり、利益はそこからしか生まれてこないのだ。それができないのであれば投資はしない方がいい。そういう意味でも、当初は少額で始めることで自分が投資に向いているかいないかを見極めるといいだろう。

どこまで行っても投資は人間の感情との戦いである。もし投資をするのであれば、できるだけ早いうちに「一喜一憂する」という不合理な戦い方を経験することが大事だ。それをせずにいきなり多額の資金で投資をするのは、無謀と言っていいだろう。

6 投資の原理主義者たちの不毛な争い

絶対に正しいのは「不確実性」と「ノーフリーランチ」

投資の世界で面白いのは様々な〝流派〟があることだ。投資のやり方や考え方は実に多様で、これが絶対正しいというやり方があるわけではない。市場の状況や経済全体の流れといった環境の違い、あるいはリスク許容度や、性格、資金量といった投資家個人のタイプの違いなどによって、その判断方法や投資手法は実に様々である。ある局面では正しいやり方でもそれが常にうまくいくかどうかはわからない。

投資の世界で絶対に正しいのは、「不確実性」と「ノーフリーランチの原則」だろう。不確実性とは「先のことは誰にもわからない」ということであり、ノーフリーランチは「世の中にうまい話はない」、と言い換えてもいい。

ところが投資のやり方については、それぞれに熱心な信奉者が存在する。しかもどういうわけかそれぞれの信奉者たちは原理主義に陥ってしまっている人たちが多く、極めて排他的なのだ。

およそ日本人ぐらい宗教に寛容な、というか適当な国民は世界的にもまれだろう。結婚式は神前、あるいはクリスチャンでなくても教会で行い、葬儀はほとんどが仏教にのっとって行われる。お盆やお彼岸には先祖の墓参りをするし、キリスト様が復活したイースターはほとんど何もしないが誕生したクリスマスは盛大に盛り上がる。投資の世界でもこれぐらい寛容であればいいのだが、なぜか各流派の人たちは他の流派の人たちを悪し様に罵る傾向がある。

「テクニカル派」VS「ファンダメンタルズ派」の争い

例えば、投資判断の仕方については、「テクニカル派」と「ファンダメンタルズ派」という二大流派がある。テクニカル投資の大前提は「株価に関する全ての情報はチャート（株価推移のグラフ）に盛り込まれている」というものだ。したがって、投資判断をするにあたっては、チャートだけ見ればよく、企業価値分析などはあまり意味がないとする。

一方、ファンダメンタルズ派は、企業には本源的な価値があり、長期的には株価はその価値に収斂（しゅうれん）していくという考え方を取る。したがって、企業分析こそが重要であり、チャートなどはただの迷信に過ぎないと言う人すらいる。

私自身はどちらかといえばファンダメンタルズ派であるが、チャートには何の意味もないかといえば、必ずしもそうは思わない。株式投資は短期的には市場に参加する人たちの心理ゲーム的な側面があるので、トレードをする場合には参考になる面もある。

ところが、実は両派は持ちつ持たれつの部分もあるのだ。ファンダメンタルズ派の投資判断の大原則は、企業の実体価値に比べて割安な時に買うということだが、世の中の投資家が全て企業の内容をしっかりと調べて判断するファンダメンタルズ派であれば、間違った値段が付いて割安になることはあり得ない。企業価値以外の要素で判断する他の投資家がいるからこそ、ファンダメンタルズ派に儲かるチャンスが生まれてくる。

一方、テクニカル派の基本観は、市場参加者の心理を読んで期待感を予測するところにある。株価が変動するにはその期待感が動かなければならないが、予測するための最も大きな要素は、企業の業績だろう。つまりチャートだけで判断するとは言っても、その動きを予測するためには企業内容を調べて行動するファンダメンタルズ派の人たちが不可欠と言えるのだ。お互いが存在するからこそ、自分たち流の投資判断ができるということなのである。

投資信託にも「インデックス派」VS「アクティブ派」が

これは、投資信託の場合のインデックス投信とアクティブ投信にも同じことが言える。インデックス投信とは市場平均に連動することを目指す運用であり、日本株で言えば、ＴＯＰＩＸや日経平均に連動するタイプの投資信託を言う。これに対してアクティブ投信は、ベンチマークとする指数、例えばＴＯＰＩＸなどを上回る運用成果を目指すタイプの投資信託である。上回るのであれば、アクティブの方がよいではないかと思いがちだが、それはあくまでも「上回ることを目指す」だけであり、必ず上回るとは限らない。むしろアクティブ型は運用に伴う手数料がインデックス型よりも高いため、インデックス型よりも成績が悪いという投資信託も多い。手数料が高い理由は、市場平均を上回る収益を上げるために、個別に成長性の高い企業を調査する分、コストがかかるからだ。

多くのインデックス派の投資家は「アクティブ投信の多くはインデックスに負けてるんだよね。高い手数料を払って、自分の大切なお金を他人の投資判断に任せちゃっていいの?」とアクティブ派を嘲笑する。一方のアクティブ派は「TOPIXなんてくそ食らえだ! 日経平均を買うってことは不祥事企業にも投資するってことだぜ。それでいいのか?」とインデックス派を罵る。もちろん表面的にはそんな罵り合いをすることはないが、いずれの派も心の中ではこのように考えているのではないか。

しかしながら、ここでも株式のファンダメンタルズ派とテクニカル派同様、インデックス派とアクティブ派はやはり持ちつ持たれつの関係なのである。インデックス派は、市場は効率的で全ての情報は反映されているので、それを上回ることは難しいと言いがちだが決してそんなことはない。個人投資家の中には、市場平均なんかよりもはるかに高い収益を上げている人もいる。私も40年以上にわたって多くの個人投資家を見てきたが、一定のルールに従って長期的に安定した利益をあげているミニ・バフェットのような投資家は案外多いものだ。

逆にみんながアクティブ派で非効率的な儲けのチャンスを探そうとすると結局は市場全体と同じになってしまう。つまりお互い、立場ややり方の違う投資家がいるから成り立っているという面があるのだ。

なぜ原理主義に陥ってしまうのか

では、なぜ投資には流派があり、それも原理主義者になってしまうのだろう。私は2つ理由があると思っている。一つは投資にリスクがつきものだからだ。投資すること自体が常に不安と背中合わせのため、何か信じるに足るものを持ちたいという強い気持ちがある。昔なら「○○投資研究所」といったところが出すレポート、最近なら情報サイトや投資ブログなどを信じたくなるのである。

もう一つは自分の成功体験だろう。これをやれば必ず成功するという方法は、なかなかないのだが、ある局面では、たまたまうまくいくことがある。さらにそれを続けていくことで100％ではないものの、一定以上の確率で儲かることは十分に起こりうる。つまり再現性があると思い込んでしまうのだ。もちろんそれが普遍的な成功方法というわけではないのだが、たまたまその人の性格や行動に合った投資方法の場合はうまくいくこともある。

積立投資でたまたまうまくいった人、トレーディングで成功した人、個別株の長期保有で成果を上げた人等々、成功する方法は一つではないが、自分が体験したことは何よりも強い自信となる。だからこそ、自分の体験でうまくいったことを絶対視するという傾向が出てくるのだ。結果として、投資の世界には多くの原理主義者が出てくるということになる。

しかしながら、投資で大事なことは常に柔軟な思考を持つことである。既存の情報や投資手法を頭から信じることはせず、疑うと同時に自分の頭で考えることが何よりも大事なのだ。宗教の世界では「信ずる者は救われる」が、投資の世界では「信ずる者は裏切られる」こともよくあることを忘れてはいけない。

column.2

「20年前に買っておけばよかった〜」の無意味

成長株を長期保有することで莫大な利益が得られたという実例は結構あります。最近だと最も象徴的なのは米アマゾンでしょう。アマゾンの株は１９９７年に公開されていますが、公開した時の価格は18ドルでした。最近では３０００ドルを超えてきています。実際には過去に株式分割もあったので、それを考えると公開時にアマゾン株を買っていれば、この25年間で２０００倍近くになっています。俗にＧＡＦＡと言われているアップルやグーグルなども似たような展開になっています。

株式市場で長期低迷が続いた日本でも例えばソフトバンクを20年前に買っていれば２００円前後[※1]で買えていますから50倍ぐらいになっていますし、ネット決済の大手、ＧＭＯペイメントゲイトウェイという会社はリーマンショック当時、株価が１００円程度[※2]の時がありましたが、最近では１万５０００円ぐらいになっていますのでこちらは１５０

※1、※2　いずれも調整後終値（株式分割実施前の終値を分割後の値に調整したもの）

倍ぐらいになっています。

そこで、よく酒の席などで出てくる話が「あ〜あ、20年前にアマゾン買っときゃよかったなあ」とか「今の記憶を持ってタイムマシンで20年前に戻れたらいいのに」といった類いのぼやきです。でもそういう人がもし20年前に戻れたとしても絶対にアマゾンを買うことはできないと思います。これは断言してもいいです。なにせ当時アマゾンは創業間もない頃で大赤字。黒字化したのは2002年ぐらいからです。ジェフ・ベゾスが考えていたビジネスモデルが成功して、米国を代表する企業に成長したのです。

株式投資において、長期的に成長する企業を見つけるには、財務内容、成長性、他社と比較しての参入障壁の高さといった項目を確認することはもちろんですが、最後はリスクを負う覚悟がなければできません。今から20年後に100倍、200倍になる株はあるはずです。それを見つける努力やそれに賭ける胆力もないのに「あ〜あ、20年前に戻れたらなあ」などと言ってもそれは何の意味もありません。今そういう株を見つけられないのなら、20年前に戻れても恐らくアマゾンには気付かないでしょう。長期投資というのはそういうことなのです。

第3章
株で儲かる人・儲からない人の境界線

1 株式投資で正しいたったひとつのこと

株価は何が決める？　決定づける2つの要素

前章の最後に「投資家にはそれぞれ流派がある」という話をしたが、株式投資でもその投資手法は様々である。でも最終的に株式に投資をすればどんな儲けがあるのかといえば、それは二つに集約される。ひとつは配当、そしてもうひとつは値上がり益である。すなわち将来にわたって多くの配当を受け取れることであり、株価が上がって高く売れることで利益が得られることだ。これらを得るためには企業の価値＝株式の価値が向上していかなければならない。

株式の価値、すなわち株価を決めるものは一体何なのだろう？　これについては様々な考え方があるが、これだけは絶対正しいという唯一のことがある。それは「**株式の価値は、その企業が将来にわたって生み出す全てのキャッシュフローの現在価値の合計**」であるということだ。これはほぼ議論の余地はない。なぜなら企業はゴーイングコンサーン（企業が将来にわたって事業を継続していくという前提のこと）であるから、将来にわたって利益をあげ続けることになる（もちろん損失の時もあるが）。そうした企業活動によって生み出されるキャッシュの合計が、その企業の価値と言える。

ただし、ひとつ注意すべきことがある。それは今年の利益1億円と、10年後、100年後の1億円とでは、値打ちは全く異なるということだ。なぜなら今年の利益1億円は今すぐ使えるが、将来の利益はその時にならないと使えないからだ。したがってそれを現在価値（今の値打ち）に置き換える必要がある。つまり将来の価値を今の価値に調整する必要があるのだ。その調整の割合が「割引率」と言われるものである。

割引率には様々な計算方法があるが、自分が望む収益率と考えていいだろう。例えば自分が年率で5％ぐらいの収益を望むのであれば、それを割引率にすればよい。したがって、株価を決定づけるものは、①将来の利益の予想と、②割引率である。これが株式で絶対正しいたったひとつのことである。

株価が理論価格通りにならないのはなぜ？

したがって、株価を予測するにはこの①と②を考えればよいのだ。「でも、②の割引率はいいとして、将来にわたって生み出す全ての利益って、どうやって足し算すればいいの？」と思われるかもしれないが、心配する必要はない。なぜなら遠い将来の利益を現在価値に置き直すと、ほとんど影響ないぐらいに小さい数字になってしまうからだ。

例えば100年後の100万円の現在価値は割引率を5％とした場合、7600円になるし、200年後の100万円はなんとたったの58円である。このため、遠い将来の価値は限りなくゼロに近くなるので、実際の計算をする場合には毎年の利益を割引率で割ってもほぼ問題はない。

つまり、具体的な株価の理論値を出すには、予想する1株当たりの利益を割引率で割ればいい（本当はもう少し複雑だが簡潔に言えば、これでも良いだろう）。例えば1株当たりの利益が50円で、割引率を5％とした場合、50円÷0・05＝1000円ということになる。ごく荒っぽく言ってしまえば、これがその株式の理論価格なのだ。

理屈の上では非常に簡単だが、実際にはそんな簡単に株価が予想できるわけではないし、理論価格通りになることはまずあり得ない。なぜなら、株価というものは第2章の第5節でも述べたように、人々の感情によって大きく揺れ動くからだ。したがって株価がこうやって計算された理論価格通りになることは滅多にない。

流派を超えた、たったひとつの真実

さらに厄介なのが①の「将来の利益の予想」である。これはあくまでも将来のことだから絶対確かなものではない。予想をしても大きく変わることはもちろん起こりうる。したがって、株価を決定する要因が理解できたからと言って、それで株式投資がうまくいくわけではない。それなら、別にこんなこと知らなくても良いのではないかと思われるかもしれないが、少なくとも株式投資をする上で、これらの原理原則は知っておくべきなのだ。なぜなら投資をする上で判断に迷った時は原理原則に立ち返って考えてみることが大事だからだ。

もちろん、原理原則を知っていたからと言って必ず投資が成功するわけではない。しかしながら、知らないよりは成功する確率は高くなると考えていいだろう。前章で、投資家には流派があり、それぞれの〝教義〟があるということを話したが、「**株式の価値は、その企業が将来にわたって生み出す全てのキャッシュフローの現在価値の合計**」というのは、特定の流派の考えではなく、ほぼ永遠不滅の定理と言っていいだろう。

ただ、流派によっては「企業の将来の利益を予想するのは不可能」という考えから投資の意思決定において企業の業績や成長性といったファンダメンタルではなく、過去の動きであるチャート分析に重きを置く人たちもいるというだけのことだ。

読者諸氏がどのような考えに基づいて投資判断を行うかは自由であるが、この基本だけは知っておいた方がいいだろう。

2 株は性格のいい人ほど損をする

ＳＮＳ依存の人や占い好きはなぜ株で儲からないか

いささか刺激的なタイトルではあるが、これは人柄の善し悪しが投資の成果に影響を与えるということを言っているのではない。人間性や人柄と投資パフォーマンスの間には何の関係もない。ここで言いたいことは、投資をしてもなかなか儲からない人に共通する性格や傾向のことだ。第1章で「お金に執着のある人は儲からない」という話をしたが、その理由は「リスクを取れない、あるいは取りたがらない」ことにある。ところがなかなか儲からないという人には他にも共通する特徴があるのだ。

では一体どんな人が〝なかなか儲からないタイプ〟なのだろう？　以下がその特徴である。

タイプ① 人の言うことを信じやすい
タイプ② 何かあった時に人の意見を聞きたがる
タイプ③ みんなと一緒だと安心
タイプ④ テレビのワイドショーやSNSの情報を熱心に見る
タイプ⑤ 占いが好きなタイプである

どうだろう？ こうした特徴を見ると、いかにもどこにでもいる普通の善良な人のイメージではないだろうか。でもこういう特徴を持った人が投資をすると、なかなかうまくいかないのである。それは一体どうしてなのか？ 逆にうまくいく人はどんな性格でどんな特徴を持っているのかを考えてみよう。

株式投資がうまくいく人の性格と特徴

① 人と違うことが平気でできる

これは、前述のタイプ③「みんなと一緒だと安心」という人の逆である。人は基本的にみんなと違うことをするのが苦手だ。というよりも誰もが「みんなと一緒に同じことをしていると安心する」という気持ちは大なり小なり持っている。心理学で言う「同調効果」だろう。ところが株式投資においては、みんなと同じことをやっていたのでは絶対に儲からない。これはごく単純な話である。

株価が高くなっているという状態は需給関係で言えば、圧倒的に需要が大きい。すなわち買いたい人がたくさんいるからである。そんな時にみんなと同じように買いに行ったのでは高値づかみをしかねない。むしろそうした多くの人の動きを冷ややかに眺めながら、冷静に売却する方がいい。逆に総悲観の時、みんなが絶望的になって眺めたり、パニック状態で売ったりしている時に、冷静になって買いを入れることができないといけない。つまり多くの人がやっていることと逆の行動を取ることが成功の秘訣なのだ。

これは言うのは簡単だが、実際にやるのはとても難しい。みんなと同じことをやって失敗したのなら、まだあきらめがつくが、みんなと違うことをやって失敗した時の後悔は非常に大きいからだ。したがって投資で成功するには、その感情を克服する強靭な精神力を持っていないといけない。つまり、何でも人とは逆のことをやりたがるあまのじゃくな性格の方が投資には向いているのである。

② 情報を自分で確かめる

最近はＳＮＳなどを通じて個人が自由に情報を発信できるようになった。これは良いことだが、困った面もある。それはかなりいい加減な情報が、それも大量にあふれてくるようになったことだ。いわゆるフェイクニュースというやつだが、これはＳＮＳに限らず、テレビのワイドショーなどでもあふれている。専門家でもない人がコメントすること自体、疑問に思わないといけないのだが、多くの人は「テレビに出ている人」や「知っている有名人」がコメントすると深く考えずに信じてしまう。心理学で言う「ハロー効果」である。

投資の世界でも同じことで、実に怪しげな情報や間違った解釈が述べられていることも多いのだが、それらについても安易に信用してしまう人が多い。前述のタイプ①「人の言うことを信じやすい」とか、タイプ④「テレビのワイドショーやＳＮＳの情報を熱心に見る」というタイプの人が陥りやすい通弊だ。

それらの情報の多くは自分の体験に基づくことや見聞きしたことをベースにしていることが多いのだが、それらは「エピソード」といわれるものであり、「エビデンス（根拠）」に基づく事実とは異なるものだ。でも聞いている方からすれば、エピソードの方が面白いし、再現性があるかのごとく勘違いをしてしまう。一方、エビデンスは公開された数字なので、それをベースにして自分で解釈する必要がある。ところが数字だけ聞いても何のことやらわからないという人も多いし、そもそも面倒だ。

しかし投資で大事なのはエピソードではなく、エビデンスをベースにして自分の頭の中で判断することだ。投資は先の読めないことを推測するわけだが、そのためには公開された財務情報をベースに判断するしかない。投資する先の決算書や、最低でも『会社四季報』ぐらいの資料はきちんと読み込んでおくことは必要だ。

安易に人の言うことを信じず、常に疑いの目を持つことが大事なのである。

③ 自分の頭で考える

そしてこれが一番大事なことだ。ところが投資家の方たちの中には自分で考えるのが嫌で、その判断を人に委ねたがる人たちがいる。というよりもむしろそういうタイプの投資家の方が多いかもしれない。私もたまに株式セミナーを聞きに行くことがあるが、そんな時によく目にするのが、以下のような光景だ。景気やセクター別の動向、金利や為替といった話をしている時はぐっすり寝込んでいる参加者が、「では以上の背景を踏まえて注目銘柄についてお話しします」と言った途端にガバっと起き上がって熱心にメモを取り始める。

先日もあるアナリストに話を聞いた時に、同じようなことはよくあると言っていた。彼に対して、セミナー終了後に出てくる質問の中には「お勧めの銘柄コードだけ教えてください、理由はいりません！」というものさえあると言う。

また、〇〇ショックと言われるような大きな市場の変化だけではなく、日々様々な情報によって動いていく。それらについて、まず自分で考えることをせず、何でも人の意見をまず聞くというのが冒頭で述べた5つのタイプの内、タイプ②「何かあった時に人の意見を聞きたがる」というパターンだ。確かに投資の判断をするというのは勇気のいることだ。判断した結果が必ずうまくいくとは限らないのだから、失敗して損をするということも当然あり得る。もしうまくいかなかった場合に後悔したくない、自分のせいにしたくないという気持ちが出てくるのはごく自然なことだろう。人は誰も意思決定にあたって後悔を回避したいと思うものだからだ。

そこで人に聞いてその人の言う通りに売買した方が、その時点では、かなり気持ちが楽になる。「あの人の見通しはよく当たる！」とか「あの人の言うことは正しい」と信じることはとても楽だし、仮に当たらなかったとしてもそれは自分の責任ではなく、当てられなかった〝あの人〟のせいにできるからだ。つまり自分のせいで後悔したり、損失が生じたりすることを避けたいという気持ちから占い師に聞くのと同様、誰かに聞こうとする。

これは冒頭のタイプ⑤「占いが好きなタイプである」といった人たちだ。ところが、投資で最もやってはいけないことは人の言うことを安易に信じることである。信じるという行為は言い換えれば「思考停止」になることだからだ。

マーケットに向かう時は考え抜くことがとても大切なのだ。頭を柔らかくし、柔軟に対処することこそが成功する道だ。なぜなら相場に「絶対」ということはないからだ。常に柔軟に考えながら臨機応変に自分で判断していくことは欠かせない。

本書の第1章でも書いたが、投資はそれほど簡単なものではない。普通の人が自然な感情で株式投資をしても儲かるとは限らない。いや、むしろ損をする可能性の方が高い。誰にも頼らず自分で考え抜くということ、人の言うことをうかつに信用しないこと、そして人と逆のことを平気で行えるメンタリティを持つことが必要で、かつ忍耐強さも求められるのが株式投資だ。

やはり、性格の素直な人＝性格のいい人ではなかなか儲けることができないというのは真実だろう。

3 「安い時に買って高い時に売る」のは間違い

「安い」と「割安」は全然違う

「株を安い時に買って高い時に売るのは間違い」と言うと、多くの人は「なぜ？」と思うだろう。安く買って高く売るのは当たり前のことだと思うからだ。でも本当に正しいのはそうではなく、「割安な時に買って、割高な時に売る」のが正しいやり方なのである。「安い」と「割安」は似ているようでも全く異なる。一番の問題は何をもって「割安」と断じるのか、ということである。もう少し具体的に言えば、安い・高い、の基準を何に置くのか、が大事なのである。

最初に結論から言うと、企業の実体価値を基準に置くべきなのだ。「実体価値」なるものがどういうものかは後ほど説明するが、要は実体価値に比べてその株価が安くなっている時が「割安」であり、逆の場合が「割高」なのだ。ところが多くの人は「安い」と「割安」を混同している。その理由は一体どうしてなのだろう。

年末調整で戻ってくるとなぜうれしいのか

行動経済学の中心的な理論である「プロスペクト理論」の中で、人間の持つ心理的な傾向として「参照点依存性」という現象がある。これは何かを評価したり、判断したりする場合に絶対値で判断するのではなく、ひとつの値を基準（参照点）とし、そこからの変化率で判断する心の傾向のことを言う。

例えばサラリーマンであればおなじみの年末調整を考えてみよう。年末調整とは、あらかじめ毎月の給料から源泉徴収された所得税の過払い分が年末に戻ってきたり、不足分が追徴されたりすることだが、多くの場合は戻ってくる。還付される（戻ってくる）とうれしいが、追徴されると気分が悪い。でも還付というのは本来払いすぎていたわけだから、余計に払った分の利息を付けて返してほしいぐらいだが、そんなものは何もなくても単純に喜ぶ。一方で追徴というのは、むしろ本来払う分を延ばしてもらったわけだし、その分についての金利も払う必要はないのだから喜んでもいいはずだが、決してそんな気持ちにはならない。

なぜ、そうなるかといえば、この場合「既に払ってしまった税金の額」が参照点になるからだ。したがって、還付の場合は税金が減ったというイメージになるし、追徴の場合は税金が増えたと感じることからうれしくなったり悲しくなったりする、というわけである。

このように人間の心理というのは、ある基準を参照点としてそこからの変化に反応するという性質を持っている。

自分が買った値段を「参照点」にしてしまう過ち

では、株式投資の場合を考えてみるとどうだろう。株式投資においては、自分の買値を「参照点」にしてしまうという傾向が存在する。つまり、売るべきかどうかの判断を自分が買った値段よりも高いかどうかで決定してしまうということである。でもこれは全く科学的でも合理的でもない。なぜなら、自分の買値と今の株価が割高なのか割安なのかということは何の関係もないからだ。

よく言われることだが、市場はあなたが買った値段のことなんか知らないし、誰も気にもしていない。そして〝株〟もあなたに買われているということは知らない。つまり買値というのは単に自分が買った値段であるということ以上の意味は何もなく、何ら客観的な意味を持つものではないのだ。それを売買判断の基準にするというのは感情的にはわからないでもないが、全く論理的ではない。

株価が企業の実体に比べて割高なら、それは判断を間違ってしまったのだから、仮に買った値段より下がっていたとしても売り、割安なら買値より高くても持ち続けるべし、というのが本来の判断基準である。ところがどうしても人は自分の買値を参照点として判断してしまう。

株式投資で成功している人にコツを聞くと、「株は買った瞬間に自分の買値のことは忘れなさい」と言われることが多い。株価の位置がフェアバリュー（適正価値）と比べて割高か割安かによって売り買いの判断をすべきであるにもかかわらず、つい「自分の買値」を基準に考えてしまうという失敗の経験をした人だからこそ、「買値を忘れること」というのは自身を戒める言葉なのではないだろうか。

株価は「鏡」ではなく「影」に過ぎない

株価は企業の実体を表していると言われる。それは間違ってはいないが、もう少し正確に言うと、株価は企業実体をそのまま写し出す鏡ではなく、企業に光を当てることによって生じる影なのだ。この場合の「光を当てる」というのは投資家の心理のことを表している。

次ページの図８を見ていただきたい。同じ光を当てるにしても下から当てると影は大きくなる。つまり株価は実体以上に大きく見えるということである。これは多くの人が株価の先行きに対して楽観的に見ている場合であり、俗にバブルと言われる時期はこういう傾向になりがちだ。

一方、光を上から当てると実体以上に小さい影ができる。株で言えば、企業の実体よりも割安な状態になっているということだ。リーマンショックやコロナウイルス蔓延を嫌気しての暴落の時は、多くの企業の株価はこういう状態になった。でも買うべき時は多くの人が悲観しているこういう時であり、逆に売るべき時は、前述のように影が大きくなり、人々の多くが楽観している時なのだ。

図8
企業価値は実体、株価は〝影〟

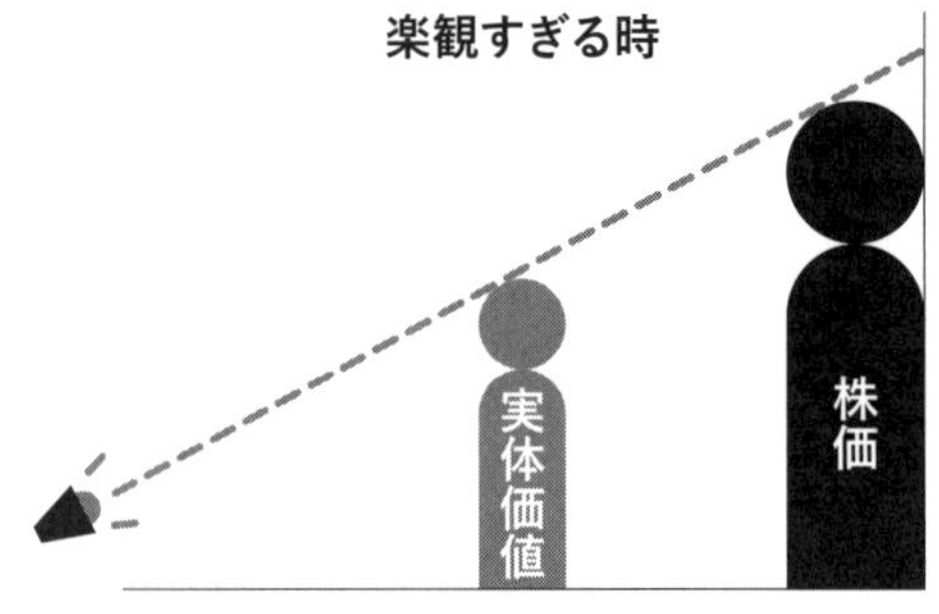

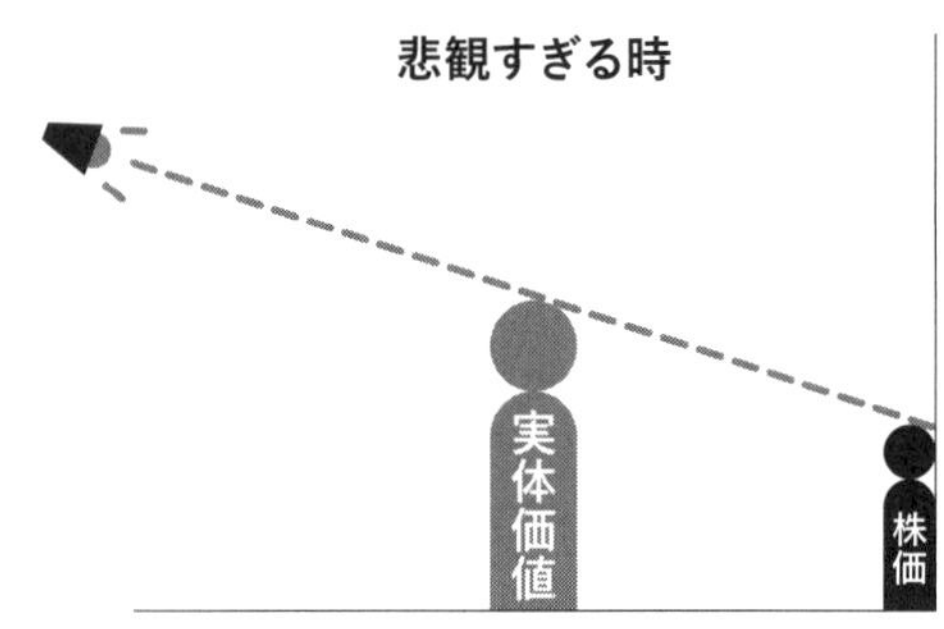

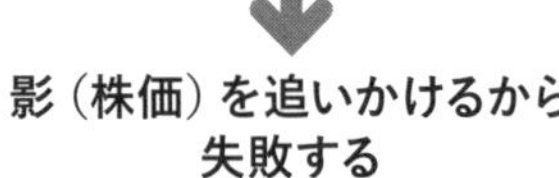

影（株価）を追いかけるから
失敗する

「割高」「割安」はどこで見極めればいいか

では、株価が割高か割安かというのはどう見極めればいいのだろう。これが実は簡単ではない。それが簡単にわかるのであれば誰もが株式投資で成功するはずだ。

一般的に割安、割高を判断するにはＰＥＲやＰＢＲを見ればよいと言われる。ＰＥＲ（株価収益率＝株価が１株当たり利益の何倍になっているか）が市場平均以下は割安であるとか、ＰＢＲ（株価純資産倍率＝株価が１株当たり純資産の何倍になっているか）が１倍以下は割安であるといった具合にだ。しかしながらこれもそれほど単純ではない。成長性の高い企業であれば常にＰＥＲは高めに推移するし、ＰＢＲ１倍以下は企業の解散価値を下回っているので割安だと言われるが、中には倒産リスクを抱えている場合だってある。

本来であれば、企業の財務分析によってその企業が今後どれぐらいのキャッシュ（利益ではない）を生み出す力があるか、そして事業を進めていく上で必要な資金にかかるコストがどれぐらいなのかを計測することだが、多くの一般個人投資家にとっては、そこまで考える時間も知識もないのが現実だろう。

であれば、前述したPERやPBRなどは会社四季報にも載っていて簡単にわかるので参考程度にはしてもいいだろう。さらに営業利益（本業で稼いだ利益）がどれぐらい伸びているのか、例えば過去5年ぐらいの伸びを調べ、それに対して株価がどの程度動いているかも見ておいた方がいいだろう。それらを見て総合的に判断すべきで、一つの指標だけにこだわってそれだけを頼りにするのはやめた方がいい。

いずれにしても自分の買値を基準にしてそれよりも高ければ売る、安ければ買うという単純な判断は禁物だ。「株は安い時に買って高い時に売る」のではなく、「割安な時に買って割高な時に売る」ということはしっかりと理解しておいた方がいいだろう。

4 配当を馬鹿にしてはいけない

株式投資、本来の果実は「値上がり益」ではなく……

株式投資をやったことがない人は、「株式投資は日々の株価の動きを追いかけて値上がり益を狙うもの」というイメージを持ちがちだ。もちろん株式投資で得られる主な利益は値上がり益であることはその通りだが、さりとて、それだけというわけではない。株式には売買によって得られる利益である「キャピタルゲイン」に加えて、保有することで得られる「インカムゲイン」というものがある。それが配当だ。

株式投資を行う上で、この「配当」は決して無視することはできない。むしろ、株式投資が生み出す本来の果実はこの配当にあると言っていい。株式の配当が債券の金利と異なるのは、会社が生み出す利益の額に応じて配当金が増減するというところにある。債券はいわば借金であるから、決まった金利を支払い、期限が来れば元本を返済するわけだが、株式は出資なので、会社が解散しない限り、元本が戻ってくることはない。換金の必要性が出てくれば、誰か他の人に売却しなければならない。配当も一定ではなく、その企業の業績によって増えたり減ったりするし、場合によっては無配当になることもある。それだけに、成長性があり、将来多くのキャッシュを生み出してくれる企業が株主に払ってくれる配当には大きな魅力があり、株式投資の大きな醍醐味のひとつなのだ。

日本ではなぜ配当が重視されなかったか

ところが我が国においては、長い間、株式投資において配当があまり重視されてこなかった。この理由は一体どうしてなのか。

そもそも企業が活動によって得た利益をどうやって使うかは大雑把に言えば3つの方法がある。①新たな事業へ投資する、②株主に利益を還元する、そして③内部に貯めておく、の3つだ。配当はこのうち②の株主還元の方法である。

かつての高度成長期には、配当をあまり出さずに事業拡大のために投資する、つまり①の方法をとる企業が多かった。

今でも成長途上にある企業は、多額の利益が出ていても配当は低く抑え、そのキャッシュを新規投資に回すところも多い。その結果、事業が大きく拡大して利益がさらに増えれば株価が上がることになるので、配当が少なくても株主にとっては値上がりという大きな利益を得ることができるからだ。それならせいぜい数％の利回りの配当をもらうより、新規投資に回してもらって、さらに大きな利益をあげてもらう方が株主としてはありがたい。

したがって日本では、１９６０～１９８０年代の頃は配当はあまり期待されなかったし、配当の利回りは投資のモノサシとしてあまり重視されなかった。しかも当時は預金の金利が高く、株式の配当を大きく上回っていたため、株式の配当そのものにあまり魅力がなかった。

しかしながら、考えてみれば株式のような不確実なものに投資をする場合は預金金利よりも高い配当利回りを要求するのは当然なのだから、これは明らかに本来の姿ではなかったと言える。

配当は企業の収益を示すバロメーター

今世紀に入り、超低金利時代が続くようになると、相対的に配当の利回りは預金よりも高くなり、本来の姿に戻ってくるようになった。実際、現在では東証一部全銘柄の配当利回りは加重平均で見ると1・96%（2021年5月末日現在）となり、預金金利よりはるかに高くなっている。中には5%を上回る配当利回りの株式も珍しくない。長期にわたって成長が期待できる新興企業の株式へ投資するのもいいが、成熟した企業で高利回り配当の優良株を持ち続けるというのも資産運用方法として悪くないだろう。

配当の利回りが上がってきているということが株式投資において配当を見直すきっかけになっているのは事実だが、もう少し本質的な面で見ると、配当は企業の収益状況を最もわかりやすく示すバロメーターと言ってもいいだろう。これは当たり前のことだが、配当が支払われるというのはその会社が利益を上げているということを示している。なぜなら配当というのは企業が儲けた利益の中から支払われるのが普通だからだ。言うまでもなく、利益が多くなれば配当も増えるし、逆も起こりうる。したがって、配当の多寡というのはかなり正確にその企業の儲かり具合を表しているものと言っていいだろう。

株式投資をすることによって得られるキャッシュフローという面から考えてみると、利益が出ている企業であれば、その株を保有することによって確実に現金を手にすることができるのが配当だ。さらに配当は収益の増減ほど変動しないということもメリットだろう。なぜなら企業は本質的に安定株主がいることを好む。資金を出してもらっている株主に対してはいつまでも安定的に保有してもらいたいと思うのは当然だから、企業というものは本来「安定配当志向」になるからだ。

配当利回りをキーポイントとする投資戦略

配当の利回りをキーポイントとする投資戦略の一つに米国で用いられている「Dogs of the Dow（ダウの犬）」というやり方がある。これは米国の「ダウ工業株30種平均」、俗に言うニューヨークダウを構成する30銘柄の中から年末時点で単純に配当利回りの高い銘柄上位10

銘柄だけを購入し、1年経った翌年末にまたその時点での新たな高利回り銘柄10銘柄に買い替えるというものだ。たったそれだけの単純な投資方法なのだが、年によってはダウ平均をかなり上回る成績を上げることもあるようだ。この投資法のポイントは割安になっている株を買うということ、そしてその割安の目安を配当利回りに置いているという点だ。

配当利回りが高いということは、配当そのものが高いか株価が安いかのどちらかということになる。配当が高いのであれば、その企業の業績は良いわけだから、今後株価の上昇が期待できる。一方、株価が下がっていることで配当利回りが高いのであれば、下がっているものはいずれ元に戻るだろうというごく単純な発想だが、これは「リターン・リバーサル」(逆張り投資)という投資の考え方である。

もちろん株価が大きく下落したことで配当利回りが高くなっている株であれば、そのまま破綻してしまうのではないかという懸念はある。しかしながらダウ工業株30種平均に採用されているような銘柄であれば、いずれも米国を代表するような企業だから、破綻についてはそれほど大きく心配することはないだろう。

日本においても単純に配当利回りの高い株を選び、その中から業績が安定し、過去数年間の配当額が一度も前年を下回っていないかどうかといった項目でスクリーニングすれば、同様の方法で安定した高利回り銘柄を発見し、それを長期保有することで安定した収益を得ることも可能ではないだろうか。

米国では配当を主たる目的として長期に保有するにあたって、ＤＲＩＰ（Dividend Reinvestment Plan＝配当金再投資プラン）といって、配当金を現金で受け取らず、同じ会社の株式をその配当金で購入するプランがある。配当金自体は所得となるため、税務申告の際には税金を納めなければならないが、ＤＲＩＰの場合は配当金が発生した時点では課税されない。したがって普通であれば配当金を受け取る時にかかる税金はその時点ではかからず、再投資することができるので、効率的に資産を増やす方法として一般的だし、人気のある制度だ。

我が国では残念ながら同じ制度はない。株式累積投資制度や従業員持株会では、配当金を再投資できるようになってはいるものの、税引き後の金額で再投資されるため、ＤＲＩＰと全く同じというわけではない。期間限定ではあるもののＮＩＳＡを使って株を買えば税金はかからないが、再投資はできない、といった具合にまだまだ株式の長期投資、長期保有に対する優遇策は必ずしも十分ではないのが現状である。

こうしたメリットのある制度が我が国でも採用されるようになると、もう少し資産運用や投資の選択肢が拡がってくるのではないだろうか。投資信託だけではなく、株式の長期保有もまた大きく資産を増やすための有力な方法なのだから。

5 ナンピン買いはほとんど失敗する

「株価下落時に買い足し」は初心者のはまる罠

株式投資をしていて、保有している株が下落した時、下がった価格でさらに買い増しをすることがある。これは「ナンピン買い」と言われる投資手法だが、株式相場の世界で40年以上仕事をし、多くの個人投資家の行動を見てきた私から言わせると、このナンピン買いは失敗に終わることが多い。

ナンピン買いが良いと言われるのは、初めに買った値段よりも安いところで買い増しすることによって、前の買値と合算して平均すれば購入コストが下がるため、元の買値に戻れば儲かるという考え方だからだ。

ナンピンというのは漢字で〝難平〟と書き、文字通り株価が下がったという災難を和らげるという意味が込められているのがわかる。ナンピン買いというのは一見、下がった時の合理的な投資行動に思えるのだが、実を言うとこれには投資初心者が陥りがちな心の罠が何重にも張りめぐらされている。

つい、ナンピン買いをしてしまう理由

そもそも、なぜ人は自分の持っている株が下がるとナンピン買いをしたくなるのか。これにはいくつかの理由が考えられる。

① 損をするのが嫌（損失回避の心理）

前述したように行動経済学の基礎的な理論であるプロスペクト理論によれば、人は誰もが損失回避的であるという。つまり損をするのが極端に嫌いなのだ。したがって、自分の買った株が下がった場合でも損失は先送りしたいという心理が働く。見通しが違ったと思ってもすぐにあきらめて売ることができないのだ。そこで売るのではなく、しばらく様子を見る。その後、さらに下がると、「買値よりかなり安くなったのだから、買い増しすればいい！」と自分を納得させる判断をしがちになる。

②自分の買値を基準にする（参照点依存性）

これは第3章第3節でも触れたが、プロスペクト理論のもう一つの考え方である「参照点依存性」によって自分の買値（＝参照点）を基準にしてしまうという傾向がある。本来売買の判断は、あくまでも現時点での株価が割高か割安かを基準に考えるべきなのだが、人は自分が買った値段を基準として、売りか買いかを判断しがちであることは前述した通りだ。つまり株価が下がった場合に自分の買値を参照点としてしまい、かつそれを絶対視するから下がったら単純に割安になったと勘違いしてしまうのだ。そこで安くなったのだから「買い！」とばかりに安心して買い増しをしてしまう。

③コストを下げれば安心（認知的不協和の解消）

心理学には「認知的不協和」という考え方がある。自分が希望することがかなえられず、しかもその状況を自分の力では変えることができない場合に心の中で葛藤や不快感が生じる。この状態が「認知的不協和」である。そしてそれを何とか解消するために、自分の解釈や判断を変えることで心の折り合いをつけるのが「認知的不協和の解消」である。

株式投資で言えば、本来上がることを期待して買ったにもかかわらず、それが下がっている状態だ。自分の判断が間違っていたということを認めたくない。でも下がっているという事実を自分の力で変えることはできない。そこで、「ここで買えばコストが下がるから安心だ」と自分を納得させる理屈を考えてナンピン買いをしてしまうのだ。

外国為替取引はもっと注意すべき

ところが往々にしてナンピン買いというのは失敗する。ではなぜナンピン買いがうまくいかないのかという理由を考えてみよう。

そもそも株価が下がった時の対応方法は3つしかない。①あきらめて損を覚悟で売ってしまう、②安く買える好機ととらえてナンピン買いをする、③しばらく様子を見る、だ。多くの人は前述の損失回避の心理から①の損切りはなかなかやらない。最も多いのは③の様子見で、その後さらに下がったら②のナンピン買いをするか、そのまま何もせずに塩漬けになってしまうことが多い。

株式投資の大原則は、「安い時に買って高い時に売る」ことではなく、「割安な時に買って割高な時に売る」のが正しいというのは本章第3節でも述べた通り。株価というものは常に適正な企業価値を表しているわけではなく、上下にブレるものだ。したがって単に株価が下がっただけでは買い増しをする理由にはならない。その企業の業績が悪化して下落したのであれば、さらにそこから下がるかもしれないからだ。

これは株式だけの話ではない。外国為替取引の場合ならなおさらだ。金利が高いからといって新興国通貨建ての債券や投資信託を買ったことがある人もいるだろう。ところが予想に反してその通貨が下落することはよくある。

なぜそうなるのかは第5章で説明するが、外国為替取引というのは単なる「両替」に過ぎない。そして為替レートというのはその両替を決める比率のことなので、短期的な両替比率の変化は需給に左右される。

したがってその動きは全く読めない。だとすればその下落したところでさらに買い増しをすることが必ずしも正しい行動というわけではない。それらの新興国通貨が下落したとしても、そこで買い増しをするのはさらに博打の賭け金を増やしているのと何ら変わりない。短期売買で利益をあげようというのであれば、むしろルールを決めて損切りをする方が良い結果になることも多い。

正しいナンピン買いとは、新規でその株を買いたい時に買うこと

後ほど詳しく述べるが、株価が下がるにはそれなりの理由がある。下がる理由がその会社固有の悪材料ではなく、天変地異や政治的な理由で下がったのであればナンピン買いをするのも悪くないが、往々にしてそういう時は逆に売りたくなる心理が働いてしまうことが多い。したがって、正しいナンピン買いというのはなかなかできないものなのだ。

では正しいナンピン買いとはどのようなものか？

それは、それまでに買っている分のことは忘れ、今から新規の資金でその銘柄を買いたいと思うかどうかを自分の心に問うてみればよい。それでもなお買うべきだと判断するのであれば買えばいいが、前に買った分のコストを下げようということであればそれはしない方がいい。

冒頭でも話したように、ナンピン買いは「安いところで買うことによって、前の買値と合

算して平均すれば購入コストが下がるため元の買値に戻れば儲かる」という考えがその背景にあるのだが、〝元の買値に戻れば〟というのは根拠のない願望に過ぎない。それに、ナンピン買いをすれば買い付けコストが下がるというが、それは最初に買っている株のコストが下がるだけであって後から買ったものは買った途端に取得コストは上がる。要は単に賭け金を増やしているだけの話なのである。

つまり多くの場合、ナンピン買いは単なる気休めにすぎないのだ。むしろ、短期的な売買で利益をあげようというのであれば、下がった株を保有することにこだわらず、さっさと売って別の銘柄に変えた方が、ずっと早く損をリカバリーすることができるかもしれない。

株価が下がると、株のことを考えるのも株価を見るのも嫌になるだろうが、そういう時こそなぜ下がったのか、この下げで買い増しする価値があるのか、それとも今後のことを考えて売ってしまった方がいいのか、と考えるべきではないだろうか。

気休めのために買い増しをし、結果、両方とも塩漬けになってしまうというのは最悪である。株式投資の経験のある人ならわかると思うが、リーマンショックの時や2020年のコロナ禍による大幅な下落を経験した時、一番悔しいのは「下がって買いたいのに持っている株が全部塩漬けになってしまっているため資金がない」ということである。

ナンピン買いで無駄玉を撃つのではなく、あきらめるものは早くあきらめて損切りをし、キャッシュを手元に置いておく方がよいと思う。

6 「売る理由を間違える」と株で失敗する

株で儲かるか損をするかが確定するのは売った時である。買った時点ではその後上がるか下がるかはわからないし、保有している間はいずれも評価益、評価損だから、実際に売らない事には利益も損失も確定しない。つまり、いつ売るかということがとても重要だ。

しかし売るにあたって大切なのは「いつ売るか」というタイミングもさることながら、さらに重要なのは「どういう理由で売るか」なのである。特に下がった時にどう対応するかは極めて重要だ。これを間違えて、売らずにいたらさらに下がることもあり得るし、売った後に上がるという悲劇も生まれてくる。そこで、どういう理由であれば売るべきであり、どういう理由なら売らない方がよいかを考えてみたい。

社会不安の時は様子見、個別企業の業績悪化はすぐ検討

まずは、株式市場において、株価が急落する理由だが、それは大きく分けると二つある。

一つは2020年のコロナ禍のように社会不安が生じたり、政治的な変化や天変地異が起きたりといった突発的なあまり好ましくない事象によって大きな心理的不安が生まれる場合だ。これは純粋に経済的な事由ではないが、場合によっては経済全体にも大きな影響を与える可能性もある。

そしてもう一つは、世の中の景気動向が悪化したり、金利が上昇したりといった純粋に経済的な理由、特に投資をしている個別の企業の業績が悪化するといった、その企業に関する悪材料が生じた場合である。結論から言えば前者の場合は売るべきではないし、後者の場合は売った方がいいということが多い。

本来であれば、前者のような突発的事由の場合は、それが経済的に大きな影響を与えるものでなければ一時的な上げ下げがあったとしても元に戻ることが多い。ところが後者の場合は、下落が長引く可能性が高い。特に個別株に投資をしている場合、市場全体の要因ではなく、その企業自体の業績が悪化したり財務内容が劣化したりしていくのであれば、株価は長く低迷するということも起こり得る。

したがって、前者のように市場全体が突発的な事由で下げた場合、持っている株を慌てて売るのではなく、しばらく様子を見た方がいいが、後者のように個別企業の内容が悪化することが明らかになった時にはすみやかに売却するかどうかを検討した方がいいのだ。ところが多くの人は、それを逆に判断しがちである。

EU離脱やトランプ大統領当選も……

例えば2016年に英国でEU離脱を問う国民投票が行われた際、当初の想定と異なる「離脱派の勝利」によって一時的に株価は大きく下落した。さらに極端だったのは同年11月8日の米国大統領選挙でトランプ氏が当選した時だ。

事前の予想ではヒラリー・クリントン氏が優勢と伝えられていたため、想定外の事態によって大きく株価は下落した。特に11月8日の投票日の夜、開票が進むにつれて次第にトランプ氏の優勢が伝えられると、同時刻である日本時間9日の昼間に取引が行われていた東京市場では株が大きく売られ、日経平均株価は1000円くらい下落した。政治家としての経験もなく、それまでにも過激な発言で物議をかもした同氏が大統領になるということで限りなく先行きの不透明感が急浮上したからだろう。

例えば、日本を代表する企業の一つであるトヨタ自動車もこの日は380円ほど下げた。これは下落率にすると当時の株価の6・5%になる。

当時でもトヨタの時価総額は20兆円くらいあったわけだから、たった1日で約1兆3000億円もの価値が減ったことになる。しかしながら、トランプ氏が当選する前と後で、トヨタ自動車の企業価値に1兆3000億円もの変化があっただろうか？　そんなはずはない。明らかに不透明感によって狼狽した売りによって下落しただけである。

その証拠に8日のトヨタの取引高は800万株ぐらいだったものが9日には2800万株と3倍以上に膨れ上がった。さらに翌10日になると株価はほぼ元の値段に戻っている。つまり、安くなったところで投げ売りをした人がいかに多かったかということである。

これほど極端でなくても同じような例は過去にいくらでもある。株式投資というのはあくまでも企業価値を買うものである。したがって、個別企業の業績や財務内容が悪化することは明らかに企業価値が下がることになるので、その場合はすみやかに処分した方が傷は浅くて済むということもある。ところが英国の国民投票やトランプ氏当選のような時には慌てて売る人が多いのに、こうした企業内容の悪化に対しては逆になかなか売ることができないという傾向がある。

前節で「ナンピン買いはほとんど失敗する」と言ったのは、後者の場合である。本来、さっさと売ってしまった方がいいにもかかわらず、ナンピン買いで投資額を増やすことでむしろ損を大きくしてしまう。むしろ前者のようなサプライズの場合こそ、場合によってはナンピン買いを入れるとうまくいくこともある（あくまでも場合によっては、であるが）。ところがほとんどの場合は、全く逆の行動を取りがちだ。これは一体どういうわけなのだろう？ なぜ反対のことをしてしまうのか。

行動経済学で考えれば理由が見えてくる

これは行動経済学から投資家の心理を考えてみるとうなずけることがある。本来、人間は損失回避の傾向を強く持っている。さらにヒューリスティックといって物事を論理的にじっくり考えて判断するのではなく、今までの経験やいかにもありそうなこと、起こりそうなことを想起して瞬時に判断をする傾向もある。

天変地異や政変などは、それが直接経済にどの程度影響を与えるか、あるいは自分が投資している企業がそれによってどんなマイナスが生じるのかをしっかり考えて判断すべきなのだが、なにせ良くないことであるから反射的にリスク回避の方向へ動いてしまいがちだ。俗に言う「リスクオフ」の状況である。加えて、バンドワゴン効果といって、多くの人が売り始めると自分も乗り遅れまいと同調して行動する傾向もある。結果として冷静に保有していればよかったものをわざわざ安くなったところで不安な気持ちに堪えきれずに売ってしまうということが起こる。2020年3月に新型コロナウイルス拡大の懸念から日米共に株価が35％も下落したのが良い例だ。

一方、企業業績の悪化というのは一般のニュースでは大きく取り上げられることは少ない。しかしながら冷静に考えてみると実体が悪くなるのであれば、できるだけ早いうちに手放しておいた方がいいと判断するのは妥当である。ところがそういうケースで少し下がった場合、なかなか売ることができない。なぜなら今すぐに売ると少しであっても損失が生じる。損失を確定するよりも「持っていればいずれ上がるかもしれない」という根拠のない希望で持ち続けたいと願う人が多いからだ。

「塩漬け」は何もいいことがない

さらにここでやっかいな心理が起こってくる。それは「現状維持バイアス」である。比較的冷静な人であれば、企業業績が悪化することが明らかになってきたのだから、今の状態を変えた方がよい（この場合は売った方が良い）ということは理解できる。ところが変えた方がよいとわかっていてもなかなか変えることができない、というのがこの「現状維持バイアス」なのだ。

心のどこかに「売った途端に上がり始めたらどうしよう」と思う気持ちがあるからだ。その結果、下がったままずっと保有し続けることになる。いわゆる「塩漬け」という状態だ。でもこの塩漬けはいいことが何もない。資金が固定される上に投資機会を失ってしまうからだ。したがって、先行きの業績に陰りが見えた企業の場合は早めに売ってしまった方がいい。

自分で「損切りルール」を作って制御する

株式投資で大事なのは企業の内容をしっかり理解することだが、株価の短期的な動きに関していえば、何よりも大きな影響を与えるのは「投資家の心理」である。そもそも株式投資自体が先の見えない結果に対してリスクを取って賭けるという行為であるから、先行きが不透明な状況になってくると不安心理は大きく増幅されてくるし、逆に経済の先行きが楽観的な見通しに満ちてくると、過度に強気な心理になりがちだ。

前者の時に暴落が起こり、後者の場合はいわゆる「バブル」が生じることになる。これは良いとか悪いとかいう問題ではなく、人間が本質的に持っている心理なので仕方ない。

したがって、株を売る場合、特に損切りについては自分でルールを決めておき、それに従うというのが良いやり方ではないだろうか。もちろんそれが必ずしもベストではないかもしれないが、何もしないよりはいくらかマシな方法であることは間違いないだろう。

column.3

「今は上がりすぎだよ」と噂されている株はむしろ買い？

多くの人が勘違いしているのですが、株価が上がるのは買う人が多いからというわけではありません。市場においては、買う人と売る人の数量が一致しないと株価は付かないわけですから、株価が上がっている時は別に買う人の方が多いわけではないのです。

ではなぜ株価が上がるのかといえば、その理由は〝株を買いたいけれどまだ買えていない人が多い〟からなのです。つまり市場に「買いたいパワー」が充満している時に株価は上がり続けます。では今がそういう状態かどうかをどうすれば知ることができるのでしょう？ 実はこれはとても簡単で、「今は上がりすぎているから、そのうち下がるだろう」とか「今は明らかにバブルだよ」と言う人が比較的目立つ時は「買いたいパワー」が充満していると考えていいのです。

もし本当に「今は上がりすぎていて割高だ」と思うのなら、株の空売りをするなり、インバースETFを買えばいいのですが、多くの場合、そういう発言をする人はそんな行動を取りません。これは本音では買いたいと思っているからです。

すなわち、上昇相場に乗り遅れた時に「出遅れて悔しい。今から買うのはシャクだ。きっといずれ下がるだろうからその時に買おう」と考えるからそういう発言になるのです。昔からある相場の用語でこれを「買いたい弱気」と言います。でも大概の場合、下がると「もっと下がるかもしれない」と思って買えない人が多いものです。そうこうしているうちにまた上がり始めると、もう辛抱できなくなって買うという人が増えてきます。このようにして買いたいと思っている人がみんな買ってしまうと株はもう下がるしかありません。なぜなら潜在的な「買いたいパワー」はなくなってしまったからです。

面白いことにそういう時は弱気を言う人は誰もいなくなります。なぜなら買った人ほど、自分が株を持っているから希望的観測で強気になるからです。誰もが強気になったところがバブルの天井になるというのはこういう理屈なのです。

第4章

投資信託は罠だらけ

1 初心者はまず投資信託から、という間違い

「少額から気軽に始めませんか？」の裏側

最近は投資するにあたって株式ではなく、投資信託を主な手段としている人が増えてきているようだ。２０２１年の3月に一般社団法人 投資信託協会が発表した「投資信託に関するアンケート調査報告書」によれば、２０２０年に投資信託を保有していると回答した人は23・4％となっている。この数字は前年の22・3％と比較しても順調に増加しているし、２０１８年の14・7％と比べると6割近くも増加している。

特に最近はごく少額で買えるようになったということも投資信託を保有する人が増えた理由だろう。昔は最低でも10万円、その後は1万円単位で買えるようになったが、この数年の間に千円単位とか百円単位でも購入できるようになったので、これは金融商品というよりも

一般の消費財と同様の感覚になってきているようだ。さらに「おつり投資」や「ポイント投資」に至っては1円単位で新たに購入することが可能となっている。

このように投資信託がごく少額でも購入できるようになったのは、決して悪いことではないが、これだけ気軽に購入できるようになったことで私は懸念していることがある。それは「価格変動のリスクを十分認識しているのか」、そして「価格変動のメカニズムを理解しているのか」ということである。

「少額でも投資できるので気軽に始めませんか？」というのは、あくまでも業者側のマーケティング戦略であり、「気軽にできること」と「きちんとできること」は異なる。これは金額の問題ではなく、スタンスの問題であり、価格変動のリスクやメカニズムを正しく理解しないままに投資をするというのは非常に危なっかしいことである。たまたまうまくいったことで多額の資金を投入する、という行動パターンを業者は期待しているのであろう。

確かに2012年からそれまで長く低迷を続けていた株式市場が上昇に転じたことによって、この7～8年の間に投資を始めた人、特に投資信託で投資をしてきた人の多くは利益を得ていることだろう。そこに「やれば儲かるのだから、早く始めないと損だ」という意識はないだろうか？　これは危険なことである。

投資信託の本質とは

そもそも投資信託の本質とは一体何だろう。投資信託は1868年に英国で生まれた。そのコンセプトは「共同投資」「分散投資」そして「専門家運用」である。当時の英国は産業革命後の経済の停滞で国内への投資物件が少なかった。ところが欧州大陸では景気が良かったし、新大陸の米国ではまさに鉄道建設ブームで非常に資金需要が旺盛であった。そこで海外への投資機運が高まったものの、問題点がいくつかあった。それは、

①　個人の零細な資金では海外案件に投資できない

②　仮にできても資金が少額なのでリスクを避けるために広く分散投資することができない

③　海外案件なので、事情もよくわからず不安

ということである。これらを解決するため、みんなで少しずつお金を出し合い（共同投

資）、ある程度まとまったお金にすることで、リスクを避けるために投資先を分散し（分散投資）、それらの意思決定を詳しい情報と運用する能力を持つ専門家に委ねる（専門家運用）、という考え方で生まれたのが投資信託なのである。

したがって、投資信託の本質を一言で言えば、「自分ではできないことをやってもらうための仕組みであり、その器」なのである。

私も投資信託は少し持っているが、主に海外中心に投資するパッシブ型（市場の指数全体に連動するタイプ）である。第2章第6節でも説明したが、パッシブ運用というのは、個別の銘柄に投資するのではなく、市場全体に投資をすることで、市場平均に連動することを目指している。インデックス型投信はこのパッシブ運用である。これに対してアクティブ型投信は、個別に銘柄を選択し、市場平均を上回ることを目指すタイプのものである。私がパッシブ型を買う理由は自分一人では世界中の株を全部買うことは不可能だからだ。つまり自分ではできないことをやってもらうためにパッシブ型投信を買っている。

ところがアクティブ型のように個別銘柄を選ぶのであれば、私にとって、それはあまり必要ない。なぜなら、私自身は個別株投資を自分でやっており、銘柄を選択する時間も知識もあるからだ（もちろんだからといって儲かるかどうかは別だ）。

したがってアクティブ型投信を買っている人は、本質的に「自分では儲けることができないので人に運用を委ねて儲けてもらうことを期待する」という判断をしているである。これは賢明な判断だ。日常の仕事が忙しい人には、とても銘柄を研究したり調査したりするような余裕はないだろう。だとすれば、自分が信頼できる運用者や運用会社に「信託報酬」というお金を払って運用を任せるというのは合理的なことである。ただし、この場合ももちろん任せたからといって儲かるという保証は何もないのは言うまでもない。

勉強をして内容を知ったうえで買うことが大事

さて、ここでもう一度まとめてみよう。投資信託の本質、存在理由とは「自分ではできないことをやってもらうための仕組みであり、その器」である。

パッシブ型投信とは「自分では世界中の株式全部に投資することができないから投資信託という仕組みを使ってそれを実現すること」であり、アクティブ型投信とは「自分では儲かる銘柄を探す時間も知識もないので、投資信託という仕組みを使ってうまく運用できる人に任せて投資すること」である。

いずれも投資信託という仕組みを使って間接的に投資をすることに変わりはない。しかしながら、投資をするのはあくまでも自分であり、投資信託を運用している会社はあなたの委託を受けて運用を代行しているだけであることを忘れてはならない。つまり、全ての運用結果の責任は、運用者にあるのではなく、任せたあなたにある。したがって「自分はよくわからなくて任せたのだから、そちらで責任を持って上手に儲けてください」という気持ちを持っているだけではダメだ。

当然、投資信託の構造、運用費用の水準、そして組み入れられている証券の内容やその証券のリスク、特徴などは自分で把握し、理解した上でなければ任せることはできないはずだ。運用会社はそれらを投資家に知らせるために「目論見書」を発行している。

にもかかわらず、「よくわからないから、投資信託にしておけばいい」と思っている人は少なからずいる。マスコミも金融機関も「早く始めなければ損」とばかりに投資へ誘引しようとする。人生を通じた資産形成において、早く始めることが優位になるのはその通りだが、もっと大事なことは、自分で判断し、理解してから始めることだと私は考える。なぜなら、市場が好調で上昇を続けている時は良いが、市場は良い時ばかりではない。2020年だって、コロナウイルスの蔓延によって一時的ではあったにせよ世界的に株価が大きく下落したのは記憶に新しい。そんな時に自分が持っている投資信託の中身や特性を知らないということであれば大きな不安を抱くに違いない。したがって、投資信託はしっかり勉強をし、理解した上で買うべきなのである。

「初心者は、まず投資信託から」に覚える違和感

「初心者は、まず投資信託から」という風潮に私は強い違和感を覚える。初心者にとって必要なことは、まず自分の「リスク許容度」を知り、投資する株式や債券について最低限の知識を得ることだろう。もちろん、どこまで勉強すればいいのかという問題はあるが、少なくとも投資の基本をベーシックに学べる本の2～3冊くらいは読んでおくべきだと思う。

また、最近ではごく少額で株式投資ができる方法もある。「ミニ株」とか「プチ株」と言

われるサービスで、１株単位で株の売買ができる。こういう方法を使って実際に自分で株式投資を体験してみるのもひとつの方法だ。投資というものは多分に心理的な要素が影響するものである。したがって、自分で体験してみなければわからないことも多い。そういう意味ではごく少額でできる投資体験は有効と言っていいだろう。

ただ、こうした少額での株式投資の難点は手数料が割高であることだ。しかしながら、本格的に資産形成をしようと考えるなら手数料の水準は極めて重要だが、数百円や数千円単位での株式投資では、本格的な資産形成の手段にはならないだろう。あくまでも投資を学ぶための勉強と考えるべきである。であるとすれば、少々割高な手数料も投資を勉強する授業料と考えればそれほど高いわけではないだろう。

もちろん、株式に興味がないし、面倒だということであれば、投資信託で投資を始めてもかまわないのだが、仮にその場合であっても任せっきりにするのではなく、自分が購入する投資信託の中身について確認し、しっかり勉強することが大事であることを忘れてはならない。儲かっても損をしても、それは全て自分の責任なのだから。

2 「基準価額」は購入基準にはならない

「基準価額」が安くなれば買い？

投資信託には基準価額というものがある。これは「投資信託の純資産総額を総口数で割った1口当たりの価額」で、わかりやすく言えば投資信託の値段と言っていいだろう。

投資信託というのは様々な株式や債券を組み入れて運用しているので、組み入れている証券の価格が上下するにつれ、この基準価額というのは毎日上がったり下がったりすることになる。ところが多くの人はどうやらこの基準価額のことを誤解しているようだ。

どういうことかといえば、基準価額が高くなると割高、安いと割安、もっと具体的に言えば「基準価額が1万円以下なら買い！　2万円を超えているようなものは高くて買えない！」といった具合に基準価額の高低を判断基準にしている人が多いということである。でもこの判断は大きな間違いである。一体どこが間違いなのかを考えてみよう。

基準価額3万円のファンドと1万円のファンド、どちらを選ぶべき？

例えばAというファンドとBというファンドがあって、Aの基準価額が３万円、Bの基準価額が１万円だとしよう。この場合、多くの人が１万円のBの方が割安だと考え、「３万円もする高いAファンドはとても買えない！」と判断してしまっている。

しかしながら、これは全くナンセンスなのである。なぜなら投資信託の基準価額はスタートした時の相場水準に大きく左右されるからだ。特に特定の株価指数（例えば日経平均やＴＯＰＩＸ）に連動するインデックス型であれば、設定された時の指数の水準に左右されるのは当然であり、投資信託自体の運用の巧拙にはほとんど関係ない。

投資信託が設定される時の基準価額はすべて1万円である。例えば２００９年末、日経平均株価がリーマンショック後の８０００円ぐらいの頃にAファンドがスタートしているとすれば、そこから10年後、２０１９年末の日経平均は当時に比べて3倍ぐらいになっているのだから基準価額が３万円になっているのは当然だ。一方、Bファンドが２０１８年９月、日

図9
基準価額はなぜ参考にならないか

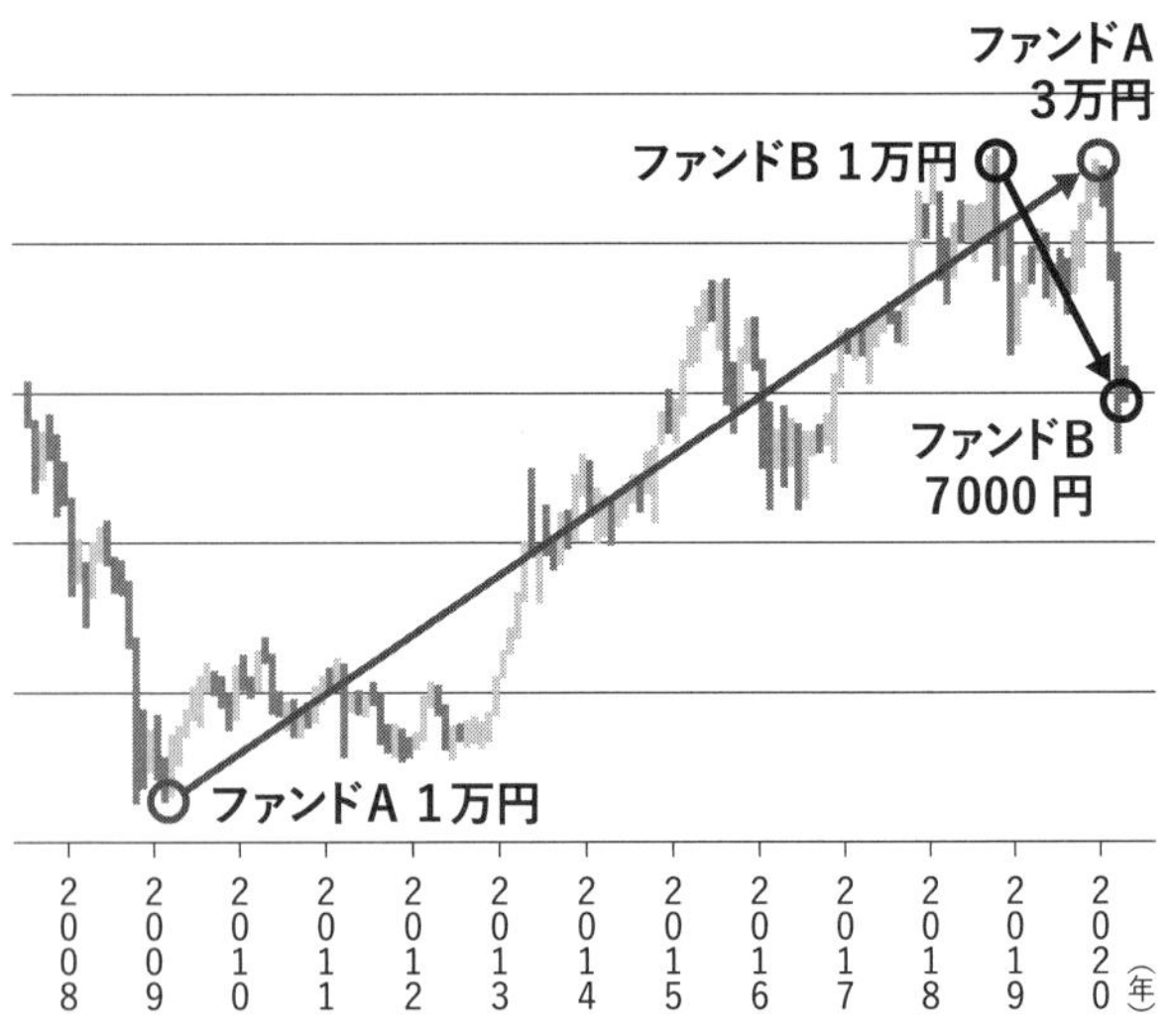

経平均が2万4000円ぐらいの頃に設定されたのであれば2020年の3月中旬には日経平均が1万7000円を割ったのであるから、3割近く下がったことになり、これによって基準価額は7000円ぐらいになっていたとしてもそれは妥当な水準である(図9参照)。

前述したようにこれはどちらの運用が良いとか悪いということではなく、単に設定された時の相場水準によって変わるだけのことなのだ。

したがって、仮にここから日経平均が１割上がるのであれば、どちらも基準価額は１割上がるだろう。逆にもしここから日経平均が１割下がれば、同じように１割下がる。要するにどちらを買っても結果はほとんど変わらないのだ。ということは日経平均が上がると思うなら、どちらを買ってもいいし、下がると思うのならどちらも買うべきではない。つまり判断すべきなのは指数である日経平均の水準であって、投資信託の基準価額ではないのだ。

投資信託は多くの株式に分散投資されたものなので、それ自体には株式と違ってフェアバリュー（適正価値）というものはない。仮に日経平均の水準が高くなりすぎていてとても買えないと判断するのであれば、基準価額には関係なくＡのファンドもＢのファンドも全く同様に高いと考えるべきであるから、どちらも買えないということになる。

このことは少し冷静に考えれば誰でもわかるはずであるにもかかわらず、なぜ多くの投資家がそのことに気づかず、基準価額を判断基準にしてしまうのだろうか？

「参照点依存性」「ヒューリスティック」という心理的な罠

ここでも人間の考え方のクセが正常な判断の邪魔をする。前にも述べた「参照点依存性」と、「ヒューリスティック」という心理のしわざである。「参照点依存性」というのは、これまでもたびたび出てきたが、数値を評価する時に、絶対値で評価するのではなく他の値と比較して相対評価する心理傾向のことを言う。わかりやすい例で言えば、うなぎ屋に入ってうな重を注文する時、並2000円、上3000円、特上4000円とあった場合、だいたい8割くらいの人は真ん中の上3000円を注文するそうだ。特上は高すぎるけど並を頼むのはちょっとカッコ悪いかなという心理がそこにはある。本来なら、自分の食べられる量や自分のふところ具合と相談して注文すればいいのだが、現実には他のグレードとの相対的な価格の位置だけで決めてしまうことが多い。

投資信託でも同じカテゴリーで複数のファンドの基準価額が異なる場合、つい安い方を選んでしまうということは十分に起こりうる。

一方、「ヒューリスティック」というのは時間をかけて論理的に考えれば正しい判断ができるにもかかわらず、直感や経験知によってとっさに判断することで間違った結論を導きやすいことを言う。まさにこの心理状態が投資信託を購入する場合にも起こっていると言っていいだろう。単に１万円と３万円という目に見える数字だけでもって、直感的に安い方を選んでしまうという行動を取りがちになる。

投資信託を選ぶ、３つの基準

では、基準価額を判断基準にしてしまうとどんな不都合が生じるのであろう。投資家の側からすれば価格の絶対値にこだわってしまうことで、質の悪い方を購入してしまうということが起こりかねない。この場合に質が悪いというのは、①運用管理費用（信託報酬）が高いこと、そして②指数との連動率が高くないこと、の２つである。

同じ指数に連動する投資信託であれば、選ぶべき基準は基準価額の高低ではなく、手数料と連動率である。

また、こうした誤解は投資信託を販売する側にも生じている。特にアクティブ型投信においてこの傾向は出てくる。銀行や証券会社などの販売サイドの人間の多くが、いくら運用成績が良いファンドでも基準価額の高いものはもう割高だから顧客が買ってくれないと考えるからだ。

顧客がそう感じるから売りにくいというのであればともかく、銀行の役員などの中には、基準価額の高い投資信託は本当に「割高」だと思っている人もいるという。

そこで、販売しやすくしたいという販売側からの要求のために、1万円で基準価額がスタートする投資信託を新たにどんどん設定するということになる。しかしながら新たに1万円で設定された投資信託を買うのも現在の基準価額が3万円の投資信託を買うのも、同じタイプのものを同じタイミングで買うのであれば、何ら違いはない。

日本の投資信託の中に何十年も続く長寿ファンドが非常に少なく、毎年新しい投資信託が売り出されて、やたら本数が増えるという悪弊もこのあたりに一つの理由があるのではないだろうか。

投資信託を選ぶ場合にまず大切なことは、①投資対象、②投資手法、③運用のコストといった基本的な項目をしっかり確認することだ。中でも運用コストである「運用管理費用(信託報酬)」の多寡や、販売手数料などはとりわけ重要である。さらに、当初の運用方針通りにきちんと運用されているかどうか、パッシブ型であれば、ベンチマークとなる指数の動きから乖離していないかなどを見ることも大切だ。アクティブ型であれば、よく言われる5つのPを確認することが大事である。

5つのPとは、

①　フィロソフィー（Philosophy）＝投資哲学
②　ピープル（People）＝人材
③　プロセス（Process）＝投資プロセス
④　ポートフォリオ（Portfolio）＝組み入れ証券の構成
⑤　パフォーマンス（Performance）＝運用成果

であり、これらをしっかりと判断した上で購入すべきかどうかを決めるというのが正しい。

購入すべきかどうかの判断基準は少なくとも「基準価額」でないことだけは確かである。目に見える「基準価額」に惑わされないことが大切だろう。

3 長期保有の投資家がワリを食ってしまうしくみ

「購入手数料なし」は喜ばしいが……

投資家から見て、投資信託を購入したり保有したりすることに対して投資家が直接負担する費用には「購入手数料」と「運用管理費用」がある。

「購入手数料」というのは投資信託を購入する際、それを販売している証券会社や銀行に払うもので、買った時にだけかかる費用だ。これに対して、「運用管理費用」というのは「信託報酬」とも言われており、これは投資信託の運用を委託したり、財産を管理したりする運用会社や信託銀行に支払うもので、「購入手数料」とは違って、投資信託を保有している期間、ずっと継続的にかかる費用である。

最近では購入手数料のない投資信託も増えてきているし、運用管理費用自体もひと頃に比べると安くなってきている。これは投資家にとってはいいことだ。

ところが、これら二つの費用以外にも投資家が直接負担すべき費用として「信託財産留保額」というものがある。実はこの「信託財産留保額」も、最近は「なし」というのが増えてきている。投資する側から見れば費用は少ない方がいいのは当然であるから、この「信託財産留保額」もなしということであれば一見喜ばしいことのように思えるのだが、他の二つと違って、この信託財産留額はないからといって素直に喜ぶことはできない。その理由を知るには、そもそも「信託財産留保額」の性格が一体どういうものなのかを理解する必要がある。

「信託財産留保額なし」の意味するところ

では、「信託財産留保額」とは何か？　それは一言で言えば、受益者（投資家）が投資信託を解約する時に他の人のために残しておく〝ペナルティ〟という性格のものなのである。投資信託というのは多くの人がお金を出し合って一つの「お金のかたまり」にし、それを専門家がまとめて運用する仕組みだ。当然、その中から自分一人だけそこを抜ける場合、つまり換金する時にはファンドが持っている株や債券を一部売却して現金化しなければならない。その際には、市場で売却することになるから、当然それに伴って売買手数料などの費用がかかる。したがって売却してファンドから出ていく人たちにその費用を負担してもらおう、というのが「信託財産留保額」なのだ。

これは購入手数料や運用管理費用とは違って、運用会社や販売会社に支払う手数料ではない。いわば解約する人が残った人に「ごめんなさい、私は先に失礼します。その代わり私の解約にかかる費用は負担しますからね」といって置いていくお金のようなものだ。ではこの信託財産留保額が〝なし〟というのは一体どういうことを意味するのだろう？

長期保有者が出ていく人の費用を負担する不合理

それは、解約する分にかかる費用を残った人が負担するということを意味している。それはそうだ。出ていく人が換金する費用を負担しないのであれば、残った人の財産からその費用を差し引くしかない。つまり投資信託を長期投資と考えて持っている人が、短期（とは限らないが）で売ってしまう人の費用を負担するという、ちょっと不合理なことになってしまうのだ。

したがって、信託財産留保額はない方がいいというのは明らかに勘違いなのである。ところがこの信託財産留保額が「なし」という投資信託は増えてきている。理由はその方が好まれるからだ。ではなぜ「なし」が歓迎されるのか。これはコストとして負担するものは、どんなものでも少ない方がいい、と思いがちな心理があるからだ。これはまさしく前節でもお話ししたヒューリスティックそのものである。

投資家にとって、運用会社や販売会社に払うお金は少ない方がいいに決まっている。なぜなら払う先が業者だからだ。ところがこの留保額だけは業者に払うのではない。

もちろん、自分の持ち分に相当する分を処分する際には証券会社に発注を出すことになるので、間接的にはそちらに対して支払う費用ということになるが、これはファンドに投資している人が共同で負担せざるを得ないものだ。したがってこの費用を一体誰が負担するのか、ということが問題なのである。「あり」は出ていく人が負担するし、「なし」は出ていく人の分まで残った人が負担するということであるから、本来は「あり」が当然のはずだ。

「留保額なし」をめぐる思い込みと勘違い

ところが前述したように、この「信託財産留保額なし」という投資信託は増えてきている。大手金融機関が販売する投資信託から独立系直販投信に至るまで「なし」が主流になってきている。この傾向は残念なことだと考えるが、これは業者もそうせざるを得ない理由があるのだ。いくら正論を主張しても、投資家が勘違いして「留保額なし」のファンドを好むのであれば、他の会社が次々と「なし」の投資信託を出しているにもかかわらず、自分のところだけ「あり」の投資信託を出し続けることができないのは他社との競合上、当然である。

実は私も現役の証券マン時代に同じようなことを経験したことがある。当時、私は確定拠出年金制度で投資信託を採用するにあたって、事業主と一緒にその商品を選定する業務を行っていた。

ところが具体的に投資信託の中身を一つひとつ精査していく時、どの事業主も一様に「信託財産留保額なしの方がいい」と言うのだ。そこで、「信託財産留保額」の意味をじっくり説明すると、多くの事業主は理解してくれるものの、最終的に商品を決める際には、それでもやはり「なし」の方がいいと言う。その理由は、「自分たちはその意味が理解できても従業員全員に理解させるのは無理」と考えるからであった。結果として、確定拠出年金専用ファンドの中にも「信託財産留保額なし」の投資信託が増えていったことをよく覚えている。

もし仮に「留保額なし」の意味が、現金化の費用は運用会社が負担するので投資家からは徴収しないということであれば、それは投資家にとってありがたいが、そんなことはあり得ないし、できるはずもない。もちろん、実際にはどんなファンドでも一定の現金を保有しており、解約する人の分はそこから支払われるだろうから、売買にかかるコストが常に発生するわけではないだろうが、売買コストについては受益者（投資家）から徴収するのは仕方のないことだろう。

「留保額なし」というのは、明らかに出ていく人が負担すべきコストを長期に保有しようとしている人に負担させるということなのだ。多くの運用会社が長期投資の大切さを標榜していながら、一方で「信託財産留保額なし」というのであれば、それは長期に持ち続ける人の負担が大きくなり、ワリを食うことを意味する。これではちょっと不合理で筋の通らない話になってしまう。

もちろん「信託財産留保額」自体は一時的な負担であり、金額にすればわずかなものである。それにこれは「必ず発生する費用」を誰が、どの時点で負担するかということであり、あらかじめ受益者が納得さえしているのであればどちらでもかまわないので、それほど目くじらを立てる必要はないのかもしれない。しかしながら、問題は金額の多寡ではなく、どういう仕組みでコスト負担をするのかを投資家がちゃんと理解しているかどうかということである。これらのことを運用会社は説明する必要があるのではないだろうか。投資家に勘違いさせたまま、取りやすいところから取ればいいということであるとすればそれは安易なやり方であると言わざるを得ない。

まだまだ投資信託は理解されていないことも多い。運用のディスクロージャーと同時に、制度や仕組み自体の理解を高めていくことも金融機関、投資家、そして我々のような評論家が一緒になって行っていくべきではないだろうか。

4 ターゲットイヤーファンドは〝余計なお世話〟商品

年齢に応じて資産の割合を変えていく投資信託

投資信託の中には「バランス型投資信託」と言われる種類がある。これは株式や債券、外国物や国内物といった様々なカテゴリーの資産を組み合わせて投資するものだが、そんなバランス型のタイプのひとつに「ターゲットイヤー型」（もしくはターゲットデート型）と呼ばれているものがある。普通のバランス型とどこが違うかといえば、組み入れている資産の割合を年齢に応じて自動的に組み替えていくことだ。

一般的に言われているのは、若い時はリスクを取れるので株式の比率を高めておき、年を取るに従って運用リスクは取れなくなるので少しずつ株の比率を下げて債券の比率を上げていくべきだということであり、ターゲットイヤー型ファンドではこれが自動的に行われるというのが特徴である。

このタイプのファンドは米国で「４０１ｋプラン」と言われる確定拠出年金においても多く採用されているし、最近は我が国の確定拠出年金でも採用が増えてきているようだ。なぜこのタイプが良いと言われているのかというと、確定拠出年金の加入者のように資産運用の経験がない、あるいはよくわからないという人が多い場合、それらの人たちにとっては、「年齢が上がるに従って、資産の組み入れ比率を自動的に組み替えてくれる」というのは、手間がかからない便利な仕組みとされているからだ。

しかしながら、私は年齢によってポートフォリオを変えることは必ずしも正しくないと考えている。

リスク許容度を年齢だけで判断するのは危険

株式などのようなリスク資産へ配分する比率を決める基本は年齢ではなくてその人のリスク許容度である。金融資産を多く保有する人は少ししか持っていない人に比べれば、リスク許容度は高いはずだろう。だとすれば、若い人よりも年齢の高い人の方が金融資産はたくさん持っているというのが一般的であるから、むしろ年齢の高い人の方がリスクを取れるということになる。

若い人が高いリスクを取ってもいいと言われるのは、彼らは「長い間働くことができる」ことによる人的資本、すなわち「稼ぐ力」の価値が高いからだ。すなわち若い人のリスク許容度が高いという理由はただ一点、それは失敗しても取り返せる時間があるということだけである。つまり金融資産で損失が生じても、それを補うだけの人的資本を持っているということであって、年齢と適切なポートフォリオには何の関係もない。

さらに言えば、その人の年齢変化とマーケット変化だって何の関係もない。年齢で自動的に配分比率が決まってしまうと、収益機会を失うということにもなりかねない。

例を挙げて考えてみよう。仮に学校を卒業して会社に入り、確定拠出年金制度に加入し、このターゲットイヤー型ファンドにお金を入れたとしよう。年齢が若いため、ターゲットイヤー型ではかなり株式の比率が高くなるはずだ。もし入社した時に株価が高値で、その後低迷が続いたらどうなるだろう。長い期間にわたって株価が低迷したままでは資産は増えない。それどころか年齢が上がってきて株式の比率を落としていったあとに株価が上昇に転じるようなことになってしまったら、最悪のパターンになりかねない。つまり、年齢＝リスク許容度の基準を絶対視することは危険なのである。

なぜ、ターゲットイヤー型に人気が出たのか

では、一体なぜこのターゲットイヤー型ファンドが米国で増えてきたのだろう。それにはNudge（ナッジ）という考え方を知ることが必要だ。

ナッジというのは肘で突っつくとか、背中を押すという意味であり、人間はほうっておくと不合理な行動をしがちなので、正しい方向へ行くように、強制するのではなく仕掛けを作ることで自然に誘導するという考え方を表している。

これは2017年にノーベル経済学賞を受賞したシカゴ大学経営大学院教授のリチャード・セイラー氏が提唱する理論で、この考え方はいろんなところで活用されている。例えば大学のカフェテリアで、学生に健康的な食事を促すため、野菜をたくさん食べさせようと考えた場合、料理を並べる順番を変えて、最初にサラダのコーナーを作っておくと、お腹の

減った学生たちは最初にたくさんサラダを取るので自動的にヘルシーな食事に誘導できる。これは強制するものではなく、自然に誘導することで良いと思われる結果に導くことになる。このように、人間の行動をある特定の方向へ誘導するために表示の仕方を変えたりルールを変えたりすることはよく行われている。

米国で４０１ｋプランが始まったのは１９７０年代の終わり頃である。そこから長い期間が経過しても、そしていくら投資教育をしても自分で運用しない、できない層の人たちは一定割合存在した。そこで、ナッジ理論でもって自動的に資産配分をコントロールする商品を提供することが加入者のためになるだろう、ということで２０００年に入った頃から米国でターゲットイヤー型ファンドが採用され始めた。商品を提供する業者の思惑（手数料率が比較的高い）も加わって拡がったということもあるだろう。

ただ、米国の４０１ｋプランにおいて、ターゲットイヤー型ファンドが拡大したのは事実だが、そもそも４０１ｋプランの加入者自体が拡大している。それにこれは別にターゲットイヤー型ファンドが理由ではない。そもそも日本とは異なり、米国の確定拠出年金は加入が任意である。ところが2006年に法律が改正されて加入の仕組みが変わった。それまでは加入を希望する人が申し出るという「オプトイン方式」と言われる加入方式だったものが、2006年以降は制度を導入した後、加入したくない人が申し出る「オプトアウト方式」に変わった。これもある意味、行動経済学の知見を活用した方法だったが、これによって加入者が大きく増加したのである。

さらに言うまでもなく米国はマーケットが1990年代以降ずっと好調だった。恐らくこちらの方が拡大の理由としては大きいかもしれない。

一見親切に見える〝余計なお世話〟商品

ターゲットイヤー型のような商品は、運用を考えたくない、煩わしいと考える人に対しては有効だと言われるが、私は意見が異なる。運用をするのであれば、基本的なことは勉強すべきだ。これはリスクのあるものにお金を投じる場合に最低限心がけておくべきことである。それが嫌なら別に投資をする必要はない。

少しずつ体験して勉強すべき若い時に全くお任せタイプのファンドにお金を入れ、何の失敗も学びもないままに年を取って退職金をもらったら一気によくわからない商品に投資してしまう、という最もやってはいけないパターンに陥る可能性だってある。

ターゲットイヤー型は一見親切に見えるが、若い人が資産運用を学ぶ機会を失ってしまう〝余計なお世話〟な商品と言えるだろう。おまけに余計なお世話をしてくれる分、インデックス型のようなシンプルな投資信託に比べて手数料が高いということも見逃せない。金融機関がターゲットイヤー型を勧める大きな理由がここにあると考えるべきだろう。

さらに金融機関から見れば、確定拠出年金などで一度この商品にお金を入れると、ほとんど退職時まで自社の商品にお金を固定させておけるというメリットもある。そういう意味では金融機関にとっては長い期間にわたって高い手数料を取り続けることのできる極めて都合のいい商品と言えるが、それが必ずしも加入者にとっていいかどうかは何とも言えない。

便利であることと合理的であることは、必ずしも同じではないということは知っておくべきだろう。

5 買ってはいけない！ テーマ型投信

ＡＩ、五輪、ＳＤＧｓ……テーマ型ファンドはなぜ育たないか

アクティブ型の投資信託の中には「テーマ型」と言われるものがある。例えば、ＡＩ、フィンテック、社会貢献、オリンピックといった様々なテーマを通じて特定の業界や企業に投資をするというものだ。これらはいわば〝はやりもの〟である。

実はこういうテーマ型投信というのは特に最近出てきたわけではなく、結構昔からあったのだが、過去にこうした投資信託の多くは非常に短命に終わったことが多い。例えば１９８４年頃にはバイオブームでこうした企業に投資するファンドがたくさん出てきたし、その後、１９８５～86年頃になると「マルチメディアファンド」なるものが登場し、電機業界や当時の通信関連の株式を対象に投資するファンドがいくつも出てきた。しかしながらマルチメディアなどという言葉はもうとっくの昔に死語となっている。

実際にこうしたテーマ型ファンドは今でも内容を変えて設定されているが、長い期間にわたって大きく育ったというものはほとんどない。

ではなぜ過去にいくつもの失敗例がありながら、相変わらずテーマ型ファンドが売り出されるのかを考えてみよう。それによって、こうしたテーマ型ファンドが生み出される背景やそれらが長期で投資するには適切ではない理由が浮かび上がってくる。

①　テーマ型投信は合理的な投資方法ではない

投資信託というのは複数の有価証券に分散投資するものだ。株式投資信託の場合は複数の企業の株式に投資をすることになる。投資信託にはインデックス型とアクティブ型があるというのは前にも述べた通りである。インデックス型は指数との連動を目指すタイプなのでとてもシンプルだが、アクティブ型の場合はどういう投資対象に投資をするのかというのが重要なポイントになる。大型株か小型株か、あるいは割安株を中心に選ぶバリュータイプか、成長性を重視して銘柄を選定するグロースタイプか、といった具合だ。

したがってテーマ型投信はインデックス型ではなく、特定のテーマに沿った銘柄をファンドマネージャーが選択するアクティブ型ということになる。

ここで注意しなければならないのは、アクティブ型は独自のポリシーの下に運用することが多いが、それは投資する基準を明確にしているということであって、母集団を狭めるという意味ではない。具体的に言えば業種や規模は関係なく、中長期的な視点で利益を上げ続けられる構造を持っているかどうかで判断すべきものだ。そういう銘柄を数多い上場銘柄の中から選ぶことが重要であり、選ぶ対象の母集団が大きいほど、良い銘柄を発掘できる可能性が高くなるのは当然である。

だとすれば、テーマ型投信のように投資する対象を母集団の段階から狭めてしまうというのはどう考えても合理的な投資方法であるとは言えない。

②「わかりやすいこと」が「儲かる」とは限らない

にもかかわらず、なぜ多くの人はテーマ型投信を買おうとするのだろうか？　その理由は〝わかりやすい〟ことと〝売りやすい〟ことにある。最大の理由は何と言ってもわかりやすさだろう。ＡＩやＤＸ（デジタルトランスフォーメーション）、５Ｇなどというテーマはテレビやニュースでもよく取り上げられているため、投資信託を全く知らない人でもなじみがある、ということは売る側にとっても説明がしやすく、売りやすいということなのだ。ただ、いくら単語を聞いたことがある、あるいはよく知っていたとしてもそれが必ずしも上がるとは限らない。「わかりやすいこと」と「儲かること」は別問題なのだ。

本章の第２節で説明した「ヒューリスティック」のひとつに、「利用可能性ヒューリスティック」と言われる心理現象がある。実は投資信託を選ぶ際にもこの「利用可能性ヒューリスティック」が影響を与えているように思える。具体的にどういうことかというと、「身近なものやわかりやすいものは、起きる確率が高くなる」と勘違いするということだ。投資信託選びの場合で言えば、知っているもの、最近話題になっているものは上がる確率が高そうに思えるということなのだ。

テーマ型ファンドに当てはめて言えば、「株のことはよくわからないけど、ＡＩや５Ｇはブームだし、あちこちでロボットも見かけるからきっとそういうものを作っている会社は注目されるだろう」といった具合に誰でも想起しやすいことから関連する株も上がるのではないかと感じてしまう。

③　既に高値になっている場合が多い

ところが多くの場合、一般のニュースや話題で取り上げられているということは既に株式市場でも相当関心が高まっているわけだから、株価もかなり高値圏に来ていることが多い。「これからの日本にとって重要なテーマだ！」「長期的に成長が期待できる分野だ！」、それはそうかもしれないが、株式市場というものは当面利益が上がっていなくても短期的には実態をかなり先取りして動く場合が多い。いわば関連するテーマの銘柄は玉石混淆の状態で株価がどれも上昇するということがしばしば起きる。

したがって、テーマ型ファンドが設定された時は往々にして投資対象の銘柄が既に高値圏になっているというケースが多いのだ。私が証券会社で40年近く働いてその間経験したことを振り返ってみても、テーマがもてはやされた時に設定されたテーマ型ファンドの多くはその後、悲惨な結末を迎えている。

長期投資家にテーマ型ファンドは向いていない

ただし、こうしたテーマ型ファンドは短期的には儲かる可能性がある。高値圏にいるということはそれだけ株価の動きも大きくなっているため、設定してごくわずかの間に急騰することもありえるからだ。そうなると一気に人気が高まり、さらに売れるということになる。当然販売する方も非常に強気で勧めてくる。そこで買うのは非常に危険だと考えるべきだろう。もしテーマ型ファンドを既に購入してしまったのであれば、こうした急騰局面では売却しておいた方が無難だと思う。先ほども述べたように、私の経験から今までに設定されたテーマ型ファンドのその後を見ても、ファンド自体が長期的に拡大して大きくなるとは到底思えないからだ。

株式というものは、その会社が非常に優れたビジネスモデルを持っていたり、画期的な新商品や新薬の開発が見込めたりする場合は、現実の業績が伴っていなくても先行きを見越して上がることが多い。これがいわゆる「理想買い」と言われるフェーズである。

その後は業績がふるわないために下がり、しばらく低迷することが多いのだが、後になって現実に利益が出て業績が伴ってくると上がるというのもよくあることだ。例えば、ソフトバンクグループが２０００年の前後に株価が20万円以上をつけたのは「理想買い」の段階だったと考えられる。その後株価が大幅に下落し、しばらく低迷を続けたものの、その後に取り組んだ携帯電話事業が中核となり、着実にキャッシュを生み出す企業になってからは再び上がってきた。これは「理想買い」から「業績買い」に移行した良い例と言えるだろう。

テーマ型ファンドにおいても本当にしっかりと長期に継続しそうなテーマのものであれば、長期投資として買っておくのも悪くはない。ただしその場合でも理想買いで盛り上がっている最中にわざわざ高値を買いにいく必要はない。理想買いの後に一旦株価が下がった時に買えばいいのである。

結論として、長期的に資産形成を目指す一般投資家は短期的な人気に左右されるテーマ型ファンドは買わない方が賢明だろう。〝はやりもの〟に飛びつくと、ろくなことはないというのは投資の世界でも真実なのである。

6 「毎月分配型」投信を買う人の勘違い

「毎月分配型」投信は極悪商品というわけではない

分配金をもらえる投資信託は昔から人気があり、特に毎月分配型と言われるタイプのものは年金受給者などの高齢者には根強い人気がある。一般社団法人 投資信託協会が２０２１年の３月にまとめた「60歳代以上の投資信託等に関するアンケート調査」の結果を見ても、60歳以上の人が現在持っている投資信託の種類では「毎月・隔月分配型ファンド」が53・4％で最も多い。

基本的にこうした分配型が人気の理由は、公的年金の支給が隔月の偶数月であることからそのほかの月にも分配金を受け取り、毎月のキャッシュフローを安定させたいという高齢者のニーズからだろう。一般的には投資信託で資産を増やすのであれば、分配型よりも無分配型の方が有利であるのは明らかだし、中には「毎月分配型などという商品は世の中の害悪だ」と言う人もいる。金融庁もどうやらこの毎月分配型は長期の資産形成には好ましくないと考えているようで、現実に「つみたてＮＩＳＡ」の中にはこういうタイプのファンドはない。

とはいえ、年金で生活をしている人のように偶数月しか収入がない場合、このようにして毎月分配金が受け取れるというのは有り難いと思う気持ちはよくわかるし、私は一定のニーズがあるのなら、それはそれで別にかまわないと思っている。ただ、現実に高齢者で投資信託の分配金をもらっている人の多くはこの分配金について大きな勘違いをしているようで、私はそこが、この商品の最大の問題点なのではないかと思っている。

分配金は銀行の利息みたいなもの、という勘違い

では一体どんな勘違いをしているのだろうか。それは投資信託の分配金を銀行預金の利息と同じようなものだと思っていることだ。実は両者は全く異なるものであり、さらに言えば両者の性質はまったく正反対のものなのだ。ひと言で言ってしまうと、銀行預金の利息は銀行がくれるもの。これに対して投資信託の分配金は、自分のお金を取り崩したものである。

支払われる原資が銀行のお金か自分のお金かというのは大きな違いだ。これをもう少し詳しく解説しよう。

そもそも「銀行預金」というのはお金を〝預ける〟と表現しているが、実態は〝預ける〟のではなく、預金者は銀行にお金を〝貸している〟のだ。預金者から借りたお金は一旦銀行のものになる。事実、預金は銀行のバランスシートで見れば右側の資本、それも他人資本である「負債」に仕分けされる。そうやって預金者から調達した資金を貸し出すことでバランスシートの左側、資産に移動する。つまり銀行は預金者から借りたお金を自分のリスクでもって貸し出して利益を上げているということであり、誰でも知っているように、これが銀行のビジネスである。

「自分のリスク」という表現をしたように、仮に貸した先が破綻して回収が不能になった場合、銀行は丸損である。なぜなら預金者には約束した金利と元金は返済しなければならないからだ。逆に言えば、かなり高い金利で貸し出し、うまく回収できても預金者には決まった金利さえ払えばいいので、銀行は大きく儲けることができる。リスクを取るというのはこういうことなのである。銀行はリスクを取っているからこそ、儲けが大きくなる可能性があるのだ。

一方、投資信託の場合、リスクを取るのは投資家自身である。こちらは預金と違ってお金を運用会社に貸しているわけではなく、単に運用をお願いしているだけだ。すなわち投資家は運用会社に一定の手数料を払ってそのお金の運用を委託するという仕組みになっている。言うまでもなくその運用の結果、儲けが出ようが損が出ようが、その利益も損失も運用会社ではなく、全て投資家に帰属する。つまり投資家がリスクを負っているのである。

したがって投資信託の分配金というのは、そうやって預けて運用を委託しているお金の中からその一部を取り崩して現金で受け取るという性格のものだ。つまりその分配金は全部自分のお金だということになる。

たまたま利益が上がっていて、その利益の一部を取り崩せばそれは「普通分配金」と呼ばれるが、利益が出ていなくても元本を取り崩して分配金が支払われる場合がある。かつてはそれを「特別分配金」と呼んでいたが、それではあまりにも誤解を生じかねないということで、今は「元本払戻金」と呼ばれている。

利益を分配しているのではなく、元本を取り崩しているのだから、この呼称はごく当然である。いずれにしても原資は自分のお金であることに変わりはない。

投資信託の分配金は受け取らない方がいい理由

では、なぜ毎月分配型はあまり良い商品ではないと言われるのだろう。理由は３つある。

①　運用資産が減る

投資信託で分配金を受け取るとその分、ファンドからお金が流出することになるので運用資産全体は減る。運用する側から見れば、資金が減少するというのはあまり好ましいことではない。

②　課税される

現金で支払われた分に対しては、ＮＩＳＡなどの制度を使わないのであれば20％の税金がかかる。ただし、前述の「元本払戻金」には税金がかからないが、これは儲けが出ているわけではないのに元本を取り崩しているのだから税金がかからないのは当たり前だ。したがって、すぐに資金を使いたいニーズがないのであれば、わざわざ20％の税金を引かれるよりも無分配型にしておいて運用の結果増えたお金を再投資した方が効率よく儲けることができる。面白いことに受け取った分配金を何に使うかというアンケートを取ると、もらったお金でまた同じ投資信託を買っているという人が一定割合いるそうだ。それなら分配金をもらう意味は全くない。単純に税金分を損しているだけだ。

③ もらったら使ってしまう

これは当然だが、もらったら使ってしまうことになる。もちろん高齢者のように自分の資産を取り崩して使うのであれば、それもいいが、少なくとも若い世代でこれから資産形成をやろうとしている人にとっては、増えたお金を使わず、さらにそれを投資に回すことで複利効果が得られるわけだから、仮に投資信託で利益が出ても、その中から分配金をもらわない方がいいだろう。

分配金の意味をよく考えてから購入すること

また、分配金が支払われるとその分だけ投資信託の値段（＝基準価額）は下がる。これは当然だ。1万円の投資信託が1万2000円に値上がりし、そこから1000円の分配金が出れば1万1千円になるのは当たり前の話である。

ところが前述の投資信託協会が2019年3月に発表した調査資料によると、投資信託を持っている人に分配金に対する特徴で知っているものは何か、とアンケートを取ったところ、「分配金が支払われると基準価額が下がる」ということを知っていると答えた人の割合は32・8％となっていた。

つまり、分配金の原資が自分のお金であるということを知らない人が7割近くもいるということだ。これは多くの投資家が銀行預金の利息と投資信託の分配金が同じ性質のものだと思っていることからくる誤解だ。分配金が自分のお金だということがちゃんとわかっていれば、支払われた分だけ下がるのは当然だということは理解できるはずだろう。このことが理解されていない状況だから、毎月分配型投資信託について金融機関を相手取った訴訟が起きたりしているのではないだろうか。

また別な視点から見ると、銀行預金の場合、前述のように支払い原資は銀行が儲けた利益である。極端に言えば、預金金利が上がるということは銀行が自分の利益を減らして、その分、預金者に儲けの分け前を増やしているということなのだ。したがって、この場合は素直に喜んでいいだろう。

ところが投資信託の分配金は、たとえ増えてもそれは自分のお金の置き場所を変えるだけなので、本来はどちらでも同じだ。いやむしろ前述のように分配金が支払われると課税されるわけだから、どうしても定期的なキャッシュフローが必要でなければ毎月分配型を購入するのはやめた方がいいだろう。

毎月分配型投信の最大の問題は、仕組みが良いか悪いかではなく、購入した人がその仕組みをよくわかっていないことなのだ。

投資で最もやってはいけないことのひとつは「よくわからない商品に投資する」ということである。分配型にせよ、無分配型にせよ、その本質をきちんと理解した上で投資することが必要だろう。

7 初心者向け商品の怪しさ

「初心者向け商品」って……一体どういうこと？

金融機関が販売している商品の中には「投資初心者向け」という謳い文句のものがある。しかしながら、よく考えてみよう。金融商品の中に本当に「初心者向け」などというものがあるのだろうか。

株式にしても債券にしても、初心者だけが参加する市場などあるわけがない。市場は常に誰でも自由に参加できるのだから、プロもアマも、そして投資初心者もみな同じ市場で取引しているのだ。別に初心者だから何かハンディをもらえるというわけではない。そんな市場で運用する金融商品には本来、初心者向けの商品などあるわけがないのだ。これは他の商品を考えてみればわかる。

例えば初心者向けの自動車などというものがあるだろうか。そんなものはあるはずがない。もちろん、車の運転には初心者が気を付けておくべきことや初心者として知っておくべき基本というのはある。投資も同じで、初心者として注意すべき点は確かにあるが、「初心者向けの商品」などというものは本来存在しないはずだ。

ところが、投資初心者向け商品と〝銘打ったもの〟は確かに存在する。特に「投資初心者＝リスクはあまり取りたくない」という決めつけからか、「損失限定型投信」というものが発売されている。それも最近までは結構売れ行きが伸びていた。この商品は「投資初心者はきっと価格変動のリスクを怖がるだろうから、損失を限定するようなタイプの投信を売り出せばきっと人気が出るだろう」という思惑で作られたものだ。しかし初心者＝リスクを取りたくない人、という決めつけは間違いだ。リスク許容度というのは、初心者であれベテランであれ、人によって様々である。

リスク管理はそれほど難しいことではない

もちろん投資をする場合に最も大事なことは「リスク管理」である。ところが、そのリスク管理は誰でもごく簡単に行うことができる。自分の保有資産の中で株や投信などのリスク資産の割合をどれぐらいにするかを決めるだけでよいのだ。

米国の経済学者であるジェームス・トービンが提唱した資産運用理論の中に「分離定理」というのがある。これは「リスク許容度が高い人も低い人もリスク資産のポートフォリオの中身は同じものでよく、リスクの度合いは安全資産をそのほかにどれぐらい持つかで調整すればよい」というものだ。これは実にシンプルでわかりやすい考え方だ。どういうことかというと、複数の株式や債券を組み合わせる場合、最も高いリターンが期待できる組み合わせ（ポートフォリオ）はたったひとつしかない。したがって、自分のリスク許容度（自分がどれくらいリスクを取れるか）によってそのポートフォリオと無リスク資産（預金や現金など）の割合を決めればいい、ということなのである。

つまり、リスクをコントロールする上で大事なことは、自分の全体の資産の中でリスク資産の割合をどれぐらいにするかということであり、初心者向けのポートフォリオなどというものは存在しないということを言っている。

リスク許容度が低い人で、それでも投資をしたいというのであれば、自分の資産運用全体の中でリスク商品の割合をそれほど多くせず、残りは定期預金など価格変動のない商品で運用すればいいのだ。全くリスクを取りたくなければ、そもそも投資はしない方がいいし、少しぐらいのリスクは取ってみようということであれば、自分の金融資産全体の内の10％とか20％をリスク資産に回せばいいだけのことである。

高い手数料を払うより、自分でファンドを作ればよい

にもかかわらず、世の中には投資初心者向けと銘打った「損失限定型」とか「リスク限定型」と言われる投資信託はとても多い。

具体的に、あるリスク限定型投信の中身を見てみると、全体の資産配分の中で内外の株式に10％程度、残りは短期金融商品となっている。そしてその投資信託の信託報酬（運用管理費用）は0・8％を上回っている。仮にこの投資信託を100万円買えば、毎年支払う信託報酬は8000円を超える。

一方、同じ１００万円の内、10万円だけ国内や海外のインデックス投信を購入し、残りの90万円を預金にしておけばどうだろう。かかるコストを見れば後者の場合、ローコストのインデックス投信なら０・２％以下の水準の手数料のものもたくさんある。すなわち10万円の０・２％だから２００円程度の運用管理費用を払えばいいわけである。リスク限定型投信と比べると、同じ効果が得られるにもかかわらず手数料は40分の1で済む。

もちろん、運用成績がどうなるかは株式部分の運用次第なので一概には言えないだろう。しかしながら、コストだけは確実に安くなるのであれば安い方を選ぶのが賢明であることは間違いない。

これは確定拠出年金において商品を選ぶ際にも言えることだ。「どうやって運用したらいいのかわからない初めての人にはリスクの低い商品が適している」としてリスク限定型投信を提供しているところもあるが、そんな手数料の高いものを購入するぐらいなら前述の方法によって、自分で組み合わせれば済む話である。そういう方法を教えることが投資教育ではないのか。

「初心者向け商品」は金融機関のご都合の産物

先ほど出てきたトービンの「分離定理」は、最適なポートフォリオはひとつしかなく、後はそれと無リスク資産の割合を決めるだけでいいというシンプルなものだと説明した。ではここで言う最適なポートフォリオとはどんなものなのだろうか。私は、世界の市場全体をそれぞれの時価総額の割合で構成するポートフォリオが最も合理的だと考える。いわゆるグローバルなパッシブ運用（市場連動型）である。

世界の中には成長する市場も停滞や衰退する市場もあるが、それが一体どこなのかは、事前にはわからない。しかしながら世界の人口が増加し、人間の経済活動が行われていく限り、全体としては成長していくことは間違いないだろう。したがって市場全体を買っておく（日本だけではなく世界全体の）ことが合理的なポートフォリオだと思う。

つまり初心者だからとかベテランだからとかは関係なく、自分がどれだけリスクを取れるのかによってこの投資信託と預金などの割合を決めておけばよいだけなのだ。これはとてもシンプルな方法だが、往々にして真実はシンプルなものの中にこそある。特に金融商品の場合は、シンプルな方がコストも安いしわかりやすい。

結局のところ、「これは初心者向け商品です」と金融機関が勧めてくるのは、その方が手数料を多く取ることができ、収益が上がるからに他ならない。これまでにも述べたように、そういう金融機関を責めても仕方がない。彼らだって株主から収益向上を期待されているわけだから、収益性の高い商品を売りたくなるのは当然だ。でも我々投資家は、それを買うか買わないかを判断する権利を持っている。

「初心者向け商品」という言葉に踊らされて、論理的にどう考えても適切とは思えないようなものは買うべきではないのだ。

column.4

インデックス投資とパッシブ運用はどう違うのか

投資信託にはインデックス型とアクティブ型がありますが、インデックス投資はしばしばパッシブ運用と言われることもあります。この両者は似ていますが微妙に異なります。金融機関でもその辺の説明が曖昧になっていることが多いのですが、この違いは知っておいた方がいいでしょう。

厳密に言えば、インデックス投資というのは**「特定の指数に連動することを目指す」**手法であるのに対してパッシブ運用というのは**「マーケット全体に連動することを目指す」**という微妙な違いがあります。例えば「日経平均」というのは1つの指数ですが、東証1部に上場する約2000以上の銘柄の内、225銘柄の平均です。ニューヨークダウ工業株30種平均はわずか30銘柄の平均株価です。したがって、日経平均やNYダウに連動するのはインデックス投資ではあったとしても必ずしも市場全体に連動するパッシブ運用であることは言い切れません。

しばしば言われることですが日経平均は、銘柄数が少ないため値がさ株の影響を強く受ける傾向があります。例えば日経平均が３万円に乗った２０２１年の２月15日には１日で５６４円上昇しましたが、その内、値上がりした上位10銘柄だけで上昇分の65％を占めていますし、ファーストリテイリングやソフトバンクグループだけで33％、つまりたった２つの銘柄の値上がりで全体の３分の１を占めているのです。極端なことを言えば、日経平均インデックスファンドだけに投資をしているというのであれば、２２５銘柄に投資するという〝アクティブ投資〟と言えるかもしれません。

では、本当の意味でのパッシブ運用とは何かと言えば、世界中の市場のそれぞれの時価総額の割合に応じて投資する、あるいはＧＤＰのような経済規模に合わせて投資をするということでしょう。最近の投資信託にはそういうことができるパッシブ型投資信託も出てきています。

第5章
債券、外貨、保険……ここにもある勘違い

1 「債券は株に比べてローリスク」の罠

「元本確保」は「元本保証」とは違う

今や確定拠出年金は企業型と個人型を合わせると加入者が943万人とほぼ1000万人近くになる（2021年3月末現在）。確定拠出年金は投資信託で運用している人が多いと思われがちだが、加入者の資産ベースで見ると投資信託の残高は7割程度である。残りは「元本確保型商品」というジャンルで、これらは定期預金と保険商品を総称するものだ。

ここであまり聞き慣れない「元本確保」という言葉が出てきたが、「元本確保」と「元本保証」はどこが違うのかという疑問が起きるだろう。一見よく似ているのだが、これらは少しニュアンスが異なるものである。

具体的に言えば、定期預金はいつ解約しても元本は戻ってくるので「元本保証」と言っても差し支えない。保険商品の場合は、満期前に解約すると元本を割ることがあるが、満期まで保有すれば元本は必ず戻ってくるので「元本確保」となっているのだ。知らない人だと同じようなものだと勘違いしかねないが、これを間違えないことが重要だ。知らずに満期前に解約すると元本を割り込むことがあるからだ。

同様に、債券も償還（満期）まで持てば、発行体が潰れない限り必ず元本は戻ってくるが、中途で換金すると元本を割る場合がある。いや、元本が割れるどころではなく、投資した金額を2割も3割も下回ることだってあり得るのだ。したがって、元本確保だからといって安心してはならない。

ところが、初心者向けの投資の教科書を見ると、その多くは「株式は債券よりもハイリスク・ハイリターンである」と書いてある。この表現は必ずしも間違っているわけではないが、だからといって債券の方が株よりも安全と言い切れるわけではない。

債券投資に潜む4つのリスクとは

債券は国、地方自治体、そして企業や団体が発行するものであり、株式が出資証明書であるとすれば、債券は借用証書と言ってもいいだろう。株式と異なり、借入金であるため、「償還」と言われる満期が決まっている。

そして一部の例外を除けば、金利もあらかじめ決められており、償還までは一定の利息が支払われ、償還日には元金が戻ってくる。一見すると定期預金と似た仕組みのように見える。株式には償還はないし、日々価格が変動していることは誰でもわかるので、それに比べるとリスクは低いと考えるのは当然である。

そもそも「リスク」という言葉には「収益のブレ」と「危険性」という2つの意味があり、第2章第1節でも話したように、しばしばこの2つの意味は混同して使われている。普通、資産運用の世界で「リスク」と言えば、結果の不確実性、すなわち「収益のブレ」と解釈するのが一般的だ。したがってそういう意味でリスクを考えれば、同じ会社が発行している株式と社債を比べた場合、明らかにリスクは株式の方が高いと言えるだろう。

償還期限の決まっている債券が最終的には元本と一定の金利が保証されているのに対して、株式の方は必ずしも配当が一定ではないし、いつまで持っていても必ず元本を上回る価格で売れるという保証はないからだ。したがって、リスクを結果の不確実性ということで言うと、株式の方がハイリスク・ハイリターンということは言える。ところがリスクの意味を「危険性、損をする可能性」という風に考えてみると債券の方が必ずしも安全というわけではない。

一般的に債券で資産運用するにあたっては大きく分けて４つのリスクが存在する。それは、「信用リスク」「流動性リスク」「再投資リスク」そして「価格変動リスク」である。海外債券の場合はこれに加えて「為替変動リスク」もある。

債券で運用する時の最も大きなリスクとは

まずは「信用リスク」である。これは債券を発行している会社が破綻したり、予定していた金利が支払えなくなってしまったりするリスクである。デフォルトと言って債務が不履行になってしまう、あるいは格付けが下がることで債券価格が下落してしまうというリスクだ。

次に「流動性リスク」だが、これは売買量が少ないため、売買の必要が出てきた時に必要な量をすみやかに売買できない、すなわちスムーズに換金できないというリスクである。ただ、これは個人投資家にとってみればあまり影響はないだろう。個人が購入するのは多くの場合、国債や大企業の社債だろうから換金性に難があるというケースは少ないはずだ。

3つ目の「再投資リスク」、これはあまり聞き慣れないリスクだと思うが、支払われる利息で再び債券に投資する、あるいは償還になった資金を再度債券に投資するにあたって、当初と同じ利率で必ずしも投資することができるわけではない、ということである。これもリスクには違いないが、機関投資家と異なり、個人の場合はそれほど深刻に考えなくてもいい。個人が保有する債券は、一般的にはそれほど種類や金額が多くないからだ。

以上のリスクの中で最大のリスクはやはりデフォルト（債務不履行）の懸念がある信用リスクだ。ただ、これはそう頻繁に起こり得ることではないため、それを除いた中で最も大きなリスクはやはりこれから説明する「価格変動リスク」と言ってよいだろう。この部分が実は株式と債券では様相が異なってくる。

債券の値の上げ下げは、ほぼ金利水準の変動で決まる

株式の値が上下するのには様々な要因がある。株価に最も大きな影響を与えるのはその企業の業績と言っていいだろう。これによって配当は増えたり減ったりするし、今後の成長力も企業業績によって大きく左右されるからだ。もちろん個別企業に関する要因だけではなく、世の中全体の景気や金利の動向も株式市場全体に影響を与えるので、その変動要因は割と複雑だ。

一方、債券の場合は株式に比べるとかなりシンプルだ。なぜなら株式と違って投資家から見たキャッシュフローは売買をしない限り、通常は金利しかないし、多くの場合それは株式の配当と違って確定しているからだ。では債券の場合、最大の価格変動要因は何かといえば、それは「金利水準の変動」である。

世の中の金利が上がれば自分が持っている債券の価格は下がる。なぜなら債券というのは通常は固定金利であるため、発行した後にもっと高い金利の債券が発行されるとそれまでの債券は値打ちが下がるからだ。逆に金利が下がれば価格は上がることになる。もちろん景気

や物価が債券価格に影響を与えないとは言いきれないが、それはあくまでも間接的な要因であり、それらの変動が最終的に金利の変動に影響を与えるからということに過ぎない。

金利が上がれば自動的に損失が拡大していく

世の中の金利が上昇するということは株にとっても債券にとっても共にマイナスの要因だが、株価は金利だけで動くわけではない。

これに対して債券の場合は前述のように金利の変化が決定的な価格変動要因となる。金利が上がり始めると、債券価格は程度の差こそあれ、どの銘柄でも一様に価格は下がっていく。一方株式の場合は、仮に金利が上昇し始めても企業業績の良い会社であれば個別に株価は上昇することもある。すなわち、世の中の金利が上昇したり下降したりする時には、債券はほぼ一方通行でほとんどの銘柄が同じ方向に動くのに対して、株式の場合は個別の跛行性（はこうせい）が強い、すなわちいくら下落相場の中でも個別には上昇するものがいくらでも出てくるということだ。

事実、リーマンショック時に日経平均は3割以上下がったが、その中で上昇した銘柄数は

１２００ぐらいあった。ところが金利上昇局面において債券を保有しているとほぼ間違いなく全ての投資家にとって損失が増大していくことになる。株式に比べて債券は決して損をしにくい金融商品というわけではないことを忘れてはいけない。

「債券＝安全」とみると痛い目に遭うことも

日本では長い間、低金利が続いているため、債券価格はゆるやかに上昇ないし横ばいが続いていた。このためよけいに「債券＝安全」と思いがちだが債券の価格変動を甘く見ない方がいい。本格的に金利が上昇する時の債券相場の怖さというのは経験した者でないとわからないだろう。

筆者自身、１９７８年から79年にかけて、第二次オイルショックが起きた時などは、長期国債の流通利回りが６・４％程度から９・１５％へと急上昇し、その価格は一挙に２割以上下落する、という経験をしている。

今のような低金利の時代に債券運用はどうかという意見もあるが、資産のバランスを考える上では安全資産としての債券はあってもよい。特に今なら「個人向け国債変動10年」などは悪くないと思う。

ただし、外国債券、それも新興国通貨建ての高金利債券は買わない方がいいだろう。その理由については次節で詳しくお話ししよう。

2 資産分散で外貨を持つことは意味がない

資産を分散する方法のひとつとして、「外貨を保有しておくことが大事だ」と言われることがよくある。一見するとその主張はもっともなように思えるものの、じっくり考えてみると必ずしもそういうわけではないことがわかる。

「外貨を持つこと」と「外国資産を持つこと」は違う

どうやら多くの人は、「外貨を持つこと」と「外国資産を持つこと」の意味を混同しているようだ。私は外国資産を持つことの意味はあると思うが、外貨そのものを持つことについては、それほど意味があると思っていない。

一般的によく言われるのが、「今後の日本の経済情勢を考えた場合、日本円だけしか持っていないというのは、大きなリスクだ」ということだ。でも果たしてそうだろうか？　いくらドルやユーロといった通貨自体を持っていても、それだけではあまり意味がないように思える。なぜなら日常の生活においては日本円を使うので、いくら外貨を持っていてもそれを円に換えなければ使うことはできないからだ。

したがって、年に何度も海外旅行に出かけるとか、海外に家族や親族が居て送金することがたびたびあるとか、あるいは海外に移住する計画を持っているということであれば外貨は必要だが、そうでなければ外貨を保有し続けることにはあまり意味はない。

「いや、日常生活のことを言っているのではなく、日本経済が破綻して円が紙切れになってしまうかもしれないという事態を想定しておくべきなのだ。そのためにドルを持っておき、いつでも海外に脱出して生活ができるようにしておくべきだ」と言う人もいるが、そんな状況（日本経済が破綻する）になってしまったら、社会は大混乱となることは間違いない。恐らく簡単に海外に出られるかどうかもわからないだろう。

したがって、外貨を持っていることは理屈の上では資産分散になるかもしれないが、実効性という面ではあまり意味はない。

為替取引は一種の投機。資産形成には向いていない

「そうは言っても1ドル70円台とか80円台の円高の頃にドルを買っておけば、儲かったではないか」という意見もあるだろう。もちろんそれはその通りではあるが、それは価格の変動に賭けた為替投機の結果である。

為替取引というのは要するに異なる通貨を〝両替〟することであり、為替レートというのはその両替をする時の比率である。為替取引とはあくまでも「通貨を両替する時の比率の変動に賭ける」という一種の投機だから、株式のように成長する会社の株をずっと保有し続けていれば、誰もが利益を得ることができるという性質のものではない。

市場参加者の利益と損失の総和は等しくなるゼロサムゲームの側面が強い。したがって短期的な取引で利益をあげようとするのであれば良いが、長期に資産作りをするとか、資産を分散するとかいうのにはあまり適していない。

誤解のないように言っておくが、第1章第2節でも述べたように、私は投機自体を否定す

るつもりはないし、それなりに意味はあると思っている。したがって、もし為替取引を投機として行うのであればそれはFXなどを使ってやった方が効率はいいだろう。

もちろんレバレッジを掛ける分だけリスクは大きくなることは言うまでもないが、そもそも為替投機自体がリスクの高いものなのだからFXを使ってレバレッジを掛けること自体には投機としては一定の合理性がある。ただ、それはあくまでも投機を行う上での技術論というだけであって、資産形成や資産分散を行うには為替取引は向いていない。

「高金利の国の債券」が必ずしもおいしくない理由

では単に外貨を持つのではなく、外貨建て資産のひとつとして、海外の高金利債券に投資することはどうであろう。

現在の日本の低金利の状況を見ると、海外の高金利は魅力的に見える。金融機関によっては「超低金利でしかも少子高齢化で長期にわたって成長が期待できない日本ではなく、海外の高金利債券に投資しましょう」と言って勧誘してくることがあるが、実はこれもあまり意味がない。いくら海外の高金利債券を持っていても長期的に見れば、結局は国内の債券を持っているのと大差なくなるからだ。

通貨の価値というのは、「そのお金でどれだけの品物が買えるか？」、すなわち購買力であるから、最終的には為替レートは二国間で購買力が等しくなるように調整されるという性質を持っている。

高金利の債券が発行されている、すなわちその国の金利が高い、ということは多くの場合、その国がインフレ傾向にあるということであり、もし長期にわたってインフレ率が高いということであるなら物価の上昇が続くため、その国の通貨の購買力は低下するということになる。

結局、購買力の低下幅がより大きい通貨は、低インフレで低金利の通貨に対して長期的には下落することになるため、いくら高金利通貨の債券を持っていても最終的には為替で調整され、国内の債券を持っているのと何ら変わりはなくなる。

為替の変動を避けようと思えばヘッジするしかないが、その場合はヘッジにかかるコストによって国内債券と同じ金利水準になってしまうからこれも同じことだ。

したがっていくら高い金利の海外債券を持っていても長期的には為替レートで相殺されて

しまい、日本の債券を持っているのとほぼ変わらなくなる。もちろん短期的には儲かることもあるが、それは前述した投機であるから、資産形成手段としては不適である。

海外株式、海外ETFへの分散投資は意味がある

では、外国資産に投資したり保有したりすることには全く意味がないのかといえば、決してそうではない。

株式に関して言えば国内株式のみに投資をするのではなく、広くグローバルに分散投資をした方がいいだろう。現に1990年代以降、上げ下げはあっても基本的には低迷を続けてきた日本の株式市場に比べて米国や中国などの株式市場を見ればその違いは明らかである。さらに言えば、広く世界に目を向けることで、米国のアマゾンやグーグル、中国のアリババやテンセントのような日本にはあまりないような銘柄に投資することもできる（これらの銘柄がこれからも有望かどうかはわからないが）。

ただし、海外の株式投資については情報を集めたり投資判断をしたりするのが難しいとい

う人も多い。

「個別銘柄を調べるのは大変だし、よくわからない」という人にとって最も簡単な方法は、世界中の市場の時価総額やＧＤＰなどの経済規模に合わせた資産配分でインデックス投資を行うＥＴＦや投資信託を購入することだろう。今後、世界のどの地域や国が発展するのかを正確に予測するのは困難なのだから、それならいっそのこと世界全体を買えばいいという発想だ。今の時代はそれが１万円ぐらいの金額からできるようになっている。

１本で購入したいということであれば、ＥＴＦで言えば米国の運用会社バンガードの「トータル・ワールド・ストックＥＴＦ」、投資信託なら楽天投信投資顧問の「楽天・全世界株式インデックス・ファンド」や三井住友トラスト・アセットマネジメントの「世界経済インデックスファンド」のようなものもあるし、もっと手数料が安くてシンプルなものということであれば、多くの投資信託会社から出ている日本株式、日本を除く先進国株式、そして新興国株式へ投資するインデックス・ファンドを一定割合ずつ購入するか、あるいはこれらを積立で投資をしていくのも決して悪くない。

営業マンの勧める「外貨建て商品」に気を付けよう

このように海外株式に投資する商品というのは極めてシンプルで手数料も安く、手軽にできるものが揃っている。

にもかかわらず、多くの金融機関で外貨建ての複雑な商品を熱心に勧めてくるのは、「金利の高い外貨建て商品」はほぼ金利がゼロに近い円商品よりも厚い利ザヤを彼らが稼げるからである。

しかしながら、これはあらゆる金融商品に言えることだが、できるだけシンプルなものの方が顧客にとっては良いのである。残念なのは「これからは通貨分散が必要だ」という一見もっともらしい勧誘文句につい つられて、やたら手数料の高い商品を買ってしまう人が多いことである。「外貨を持つこと」と「外国資産を持つこと」は明らかに違うということを知っておくべきだろう。

3 保険で資産運用はできない

自動車保険で考える、保険の本質

保険というものは人類が考え出した叡智の1つであり、保険のおかげで助かっていることはたくさんある。本来保険の役割は「確率極小、損失極大」といったことが想定される事態に対処するためにある。言い換えれば、「めったに起こらないけど、もし起こったらその損害は大きく、とても自分のお金ではまかなえない」という事態に対応するためのものだ。

一番わかりやすい例としては自動車保険の対人賠償だろう。車を運転していて死亡事故を起こすなどということはめったに起きないが、もし起こってしまったら何億円という賠償金が発生する可能性があり、それはとても自分のお金ではまかなうことができないだろう。したがって、自分で自動車を運転する人であれば誰もが対人賠償に入るのは当然だ。

ところが同じ自動車保険でも車両保険の場合はケースが異なる。車両保険というのは自分の車の損傷を修理するもので、この場合は「確率は中、損失も中」と言えよう。車庫入れする時にこすったりすることは割と起こり得ることである。したがって無制限の保障のある対人賠償に比べて保険料は高い割に保険金額は小さいため、車両保険には入らないか、入ったとしても免責額を高く設定することで保険料を安く抑えるということはよく行われている。

なぜ「貯蓄一体型」よりも「掛け捨て」を原則とすべきか

保険の最も大切な意義は「少額のお金（保険料）で何かあった時に多額のお金（保険金）を得られる」ことにある。なぜそんなことができるかというと、一人ひとりが出すお金は少額でもたくさんの人がまとまると多額のお金になるからだ。そのお金を使って病気や怪我をした人に対して支払い、何もなかった人には何も支払われない。これが保険の本質なのだ。

保険商品ではないが、警備保障会社に支払う警備料、あれは保険と考えていいだろう。泥棒に入られないように、あるいは入られたとしても被害が小さくて済むように警備会社が対応してくれる、それに対する対価である。泥棒に入られなかったからといって警備料が返ってくるはずがない。

したがって保険とは本来「掛け捨て」で成り立っている。ところが一般的には、掛け捨て保険がもったいないと感じて保障と貯蓄が合体した保険や積立型の保険に入っている人が多いようである。

そもそも掛け捨て保険という名前もあまり良くない。「掛金を〝捨てる〟」という語感があり、何だか損をするようなイメージにとらわれる。しかしながら、本当にそうなのだろうか。少し考えてみると保障と貯蓄を合体した保険というのはあまり得だとは言えないことがわかってくる。

「貯蓄」と「保険」はまったく正反対のもの

そもそも貯蓄と保険は、その役割や性質はまったく正反対のものである。

「貯蓄」は「将来の楽しみや安定のために自分でお金を貯める」ものである。これに対して**「保険」は「将来の危険や不幸のためにみんなでお金を出し合って備える」**ものである。どちらも構文は同じだが使う言葉が全く違う。

貯蓄は「楽しみのために自分で」、保険は「危険や不幸のためにみんなで」となっているから、これはまったく正反対と言っていいだろう。

にもかかわらず、貯蓄と保険を合体してしまうと一体どういうことになるだろう。普通の掛け捨て保険の場合、保険料として払い込んだお金はあくまでも保障の原資としてのみ使えばいいわけなので（もちろん保険会社の諸経費は引かれるが）シンプルだし、同じ保険金額であれば保険料は安い。

ところが、保障と貯蓄を兼ねると説明される「養老保険」や「終身保険」の場合は掛け捨てに比べると、やや事情が異なってくる。例えば養老保険の場合は払い込んだ保険料を原資として保障と運用という異なる2つの目的に使わなければならない。当然シンプルな掛け捨て保険に比べれば保険料は高くなるし、「貯蓄」と「保険」という本来の目的が異なるものを一緒にすること自体がとても不自然で非効率だ。

それに、養老保険や終身保険の場合、最も残念なのは被保険者が亡くなった時に、貯蓄部分に貯まったお金も保険金の支払いに使われてしまうことだ。保険は掛け捨てにしておき、別途貯蓄をしておけば、遺族には保険金と貯蓄が残るにもかかわらず、保障と貯蓄が合体した保険では保険金だけになってしまうということも起こる。

したがって、保障と資産形成の機能は分けて考えるべきである。すなわち保険はあくまでも保障を目的とし、できるだけ安い保険料で充実した保障が受けられるものを選び、資産形成である貯蓄や投資は保険とは別に考えるべきなのだ。

個人年金保険も決して良い商品とは言えない

また、個人年金保険のように、シンプルに貯蓄目的で利用されている保険や積立型の保険も人気があるが、これも決して良い商品だとは言えない。

払い込んだ保険料の合計額に対して将来受け取る金額の合計がどれぐらい上回るかを「返戻率」と言う。

保険会社や商品によって異なるので一概には言えないが、一般的には30年払い込んでそこから5年据え置き、10年間で受け取った場合で返戻率が１０５～１０６％ぐらいのものが多いだろう。１０６％だとしてみると、「６％も増えるならすごい」と勘違いする人が出てきそうだが、これは全く違う。45年かけて積立総額１００が１０６になるということだから、複利計算してみると年利では０・４％弱程度にしかならない。

「それでも今の金利を考えれば高いじゃないか」と思われるかもしれないが、これは期間が30年であって1年や2年ではないのである。長期にわたって価格変動リスクを取らない方法で運用をしたいのであればむしろ「個人向け国債変動10年」の方が有利になるだろう。

また、個人年金保険は保険料が所得控除の対象となるので有利だと言われるが、これも実は大したことはない。

保険料をいくら払い込んだとしても所得控除となるのは所得税では4万円、住民税では2万8000円、合計しても6万8000円が上限だ。ところが個人型確定拠出年金（iDeCo）の場合なら、掛金の全額が所得控除される。掛金の上限は職業や状況によって異なるが、最も少ない公務員の場合でも掛金の上限は年額14万4000円で、この金額が全額所得控除されるので、個人年金保険の倍以上になる。

もし自営業の場合なら、年間の掛金上限額は81万6000円になるので、この場合は12倍の所得控除が得られる。個人年金保険とは比較にならない。個人事業主であれば個人年金保険よりもiDeCoを選ぶ方がはるかに賢明であると言えよう。

一方、個人年金保険も定額型ではなく変額型があるが、その実態は投資信託に投資をするのと何ら変わらない。違うのは手数料がべらぼうに高いということだけである。もし変額個人年金保険で運用するのなら、直接投資信託を購入した方がよいだろう。

他にもある「貯蓄型保険」の留意点

個人年金保険もそうだが、保障と貯蓄を合体した保険は、中途解約すると多くの場合、元本を割る。期間にもよるが70％とか80％ぐらいしか戻ってこないこともある。でもこれは別におかしいことではない。

保険は一定の期間、何かあった時に保障を得られるために加入するものであるから、そもそも保険の中途解約という概念自体、あまり意味を持たないからだ。

繰り返しになるが、保険は貯蓄ではなく、必要な期間に必要な資金の手当が得られる保障を購入する、いわば「買い物」なのである。もし貯蓄だと考えるのであれば、中途解約で元本を割り込むようなものに預けるべきではない。預金であればいくら満期前に解約しても利息が減りこそすれ、元本を割ることはない。

さらに保険の営業マンや一部のＦＰの人は「保険は強制的に貯蓄することになるし途中での解約もできないから意志の弱い人やズボラな人にとって資産形成に向いている」と言うこともあるが、別に保険でなくても給与天引きや口座自動引き落としで契約していれば知らないうちに貯まることになるし、ｉＤｅＣｏでは60歳まではどんな理由があっても現金化できないのだから、同じことだ。それに、意志の弱い人やズボラな人は結局何をやってもダメだろう。だからそういうセールストークもあやしいものだ。

このように、資産形成のための手段としては「貯蓄型保険」はかなり不適だと言える。結局、保険の本質を見失わないことが大切だろう。

保険自体はとても大切なものだからこそ、余計に利用方法を間違わないことが重要だ。保障が必要な期間に必要な金額を計算し、それに見合う保障を得るためにシンプルに掛け捨てで保険料が安いものを選ぶべきだろう。

4 iDeCoにもある落とし穴

急激に拡大したiDeCo

最近、急速に利用者が増えてきたのが個人型確定拠出年金（iDeCo）である。この制度自体は２００１年10月に生まれたのでもう20年近くとなり、加入者数も１９４万人となっている（２０２１年３月末時点）。

特に、この制度は２０１７年から加入対象者が一挙に拡大し、それまでの16年間で30万人ほどしか増えなかったのが、その後の３年間で１６０万人くらい増えたわけだから、ブームと言ってもいいだろう。

この制度自体は、老後資金作りには最も適した制度であるからおおいに利用すべきであることは事実だ。ただ、マネー雑誌でもiDeCoの特集はよく見かけるが、私のように20年近くもこの制度を見てきた専門家から言わせてもらうと、実はそういったマネー誌の記事や紹介の仕方について、おおいに疑問に思えるところがある。

iDeCo手数料ランキングはなぜ無意味か

言うまでもなく、iDeCoは60歳まで引き出すことのできない制度だ。かつ取り扱ってくれる金融機関（運営管理機関と言う）はたくさんあるが、通常の証券取引とは異なり、一度取引を始めると変更することが難しい。できないわけではないが、制度上の制約があるため、不利益になることもあるからだ。

そこで金融機関を選ぶにあたっては、慎重に検討することが必要になる。マネー誌でもどの金融機関が良いかを特集する記事が出てくるが、そこで非常に違和感を覚えるのが、「手数料によるランキング」である。

ただし、ここで言う手数料とは投資信託の運用管理費用のことではなく、口座管理手数料のことだ。これは毎月かかる費用なので、できるだけ安いに越したことはないというのはその通りである。しかしながらこの口座管理手数料はかなり引き下げが進んだことで、現在は

15の金融機関でゼロとなっている（※２０２１年4月8日現在、個人型確定拠出年金ナビ参照）。

それに、手数料無料と言ってもそれはその金融機関が取る分の手数料が無料というだけであって、完全に無料というわけではない。資産を預かる信託銀行や制度全般を管理する国民年金基金連合会には毎月１７１円の手数料は払わなければならない。したがって、口座管理手数料だけで見るなら主な金融機関ではそれほど大きな差はない。

それよりもむしろ投資信託にかかる手数料である運用管理費用（信託報酬）の方がはるかに重要だ。なぜなら、口座管理手数料は定額なので、積み立てて資産が増えても負担が増えることはないが、運用管理費用は資産額全体にかかるので、残高が増えれば増えるほどその負担は重くなるからだ。

さらに、商品の品揃えや手続きのしやすさ、ＷＥＢサイトやコールセンターの使い勝手の良さなどのようなサービスの違いこそしっかりと見極めるべきなのである。

にもかかわらず、多くの雑誌では口座管理手数料の水準だけでランキングを付けている。その方が簡単に記事が書けるからだ。でもそれだけを見ていると判断を間違えかねないので注意が必要だ。

ネット証券のサイトは初心者にとって使いにくい

次に、お勧め金融機関ではネット証券が紹介されていることが多い。これはマネー誌などだけではなく、個人の投資ブロガーの人たちの記事でもネット証券での取引をイチ押しにしているのをよく見かける。

しかしながら、これについても私はやや異論がある。ネット証券が良いと言われている理由は前述の口座管理手数料が安かったからである。確かに以前はそうであったが、2017年以降は必ずしもそういうわけではない。

それに、これは実に何とも皮肉な話なのであるが、ネット証券はサイトが使いづらいのである。私は過去20年にわたって企業型の確定拠出年金の加入者向け説明会をやってきたが、それらの人たちの多くは投資の経験もなければネットでの証券取引なども もちろんやったこともない。したがって、ネット証券での取引動線は投資を始める人にとってはとてもわかりづらい。ところが普段からネットでの証券取引に慣れている人にとっては、使いづらくもなんともないのでそのことがよくわからないのだ。

これに対してメガバンクや大手証券会社などのサイトは昔から企業型確定拠出年金にとても力を入れてきている。特にそういった大手金融機関は従業員数何万人という大手企業を受託している。その多くは製造業であり、必ずしもネットリテラシーの高い人ばかりではない。私も経験があるが、大手企業の人事部から「とにかく素人にわかりやすく、もっと見やすくしてほしい」という強い要請を徹底的に受けてきたので、実際、初めての人にとっても非常にわかりやすいサイトになっているのだ。

そうした、いわば大手企業からの要請で鍛えられ、練りに練って作られたサイトは、ややもすればオーバースペックと思われるぐらい、機能が豊富だし、使いやすくなっている。それが個人型でも利用できるわけだから、ネット証券よりもはるかに使いやすいというのはある意味当然だろう。

iDeCoを選ぶ時の3つの基準とは

では実際にiDeCoを始めるにあたって、金融機関を選ぶには何を基準にすればいいだろう。私は以下の順番で考えるべきだと思う。

① 商品の品揃え

ここで言っているのは商品の数が多ければいいということではない。むしろ逆でできるだけシンプルな方がいいのだ。ただ、金融機関の中には適切な分散投資ができるような基本的な資産のカテゴリーが揃っていないところもある。最低限、基本四資産（国内株式、外国株式、国内債券、外国債券）のインデックス型が揃っており、かつ外国株式は先進国と新興国に分かれている方がいいだろう。後はREIT（不動産投資信託）ぐらいがあればそれで十分だと思う。裏を返せば、こうした基本的な品揃えがないと適切な分散投資ができないことになるから、そういうところは選ぶべきではない。

② 商品の手数料水準

ここでの手数料は運用管理費用（信託報酬）のことである。もともとｉＤｅＣｏで採用されている商品の手数料は安いものが多いが、気を付けなければならないのは、そうした中に驚くほど高い手数料の商品が紛れ込んでいることもあるということ。それも例えば国内株パッシブのように、同じカテゴリーの中で混在していることが多い。ベテランの人ならともかく、初心者はその違いを見つけるのに苦労するだろう。だから商品数が多すぎるのはあまり感心しないのだ。特にｉＤｅＣｏのように60歳まで運用が続く制度の場合は、コンマ数％の違いが長い期間では大きな差になってくるので一層注意が必要である。できるだけ運用管理費用の安い商品が並んでいる金融機関を選ぶべきだ。

③ WEBやコールセンターの使いやすさ

通常の証券取引とは異なり、ｉＤｅＣｏは店舗の窓口で相談するということはほとんどできない。したがって、加入者が頼りにするのは加入者用のＷＥＢサイトとコールセンターである。このうち、コールセンターは加入する前でも利用することが可能なので、各社に電話をしてみて対応の良いところを選べばいいだろう。一方、加入者用のWEBは、その金融機関のiDeCoに加入してからでないと見ることができないのは残念だ。ただ、前述の個人型確定拠出年金ナビ（https://www.dcnenkin.jp/）を見れば、主な金融機関の「加入者向けWEBサイト」の評価が載っているので、こちらを参考にすれば良いだろう。

これら3つのポイントを十分に検討して絞り込んだ上で、さらにどちらが良いかで迷うことが出てきた場合、その時に初めて本節冒頭に出てきた「口座管理手数料」を考えればいいだろう。繰り返しになるがiDeCoは何十年もの間、利用することになる制度であるから、単純に口座管理手数料だけで判断するのは極めて危険である。マネー雑誌などの記事だけを参考にして落とし穴に入り込まないよう、注意が必要である。

5 投資はプロに相談するな！

〝運用のプロ〟ではなくて、〝販売のプロ〟

初めて投資をやってみようと思う人の多くは、まずプロに相談しようと考える。この考え方は極めて自然だ。ゴルフを始めるにも英会話を学ぶのも自己流でやるよりは専門家について習った方がいいのは当然だからだ。しかし、投資のプロに相談しようと思って金融機関の窓口に出かけて行くのは大きな間違いだ。なぜなら、銀行でも証券会社でも窓口や営業で金融商品を販売している人たちは別に投資や運用のプロでもなんでもないからだ。

彼らは「金融商品の販売のプロ」なのである。さらに言えば「プロのアドバイザー」ですらない。あくまでも、自社の金融商品を顧客に買ってもらうセールスマン（セールスウーマン）なのだ。

もし彼らがアドバイザーだとすれば、顧客から株や投資信託を買いたいという相談を受けていろいろ話を聞いた結果、あまりリスクを取れないお金を投資に回そうとしているのであれば、「あなたは投資せずに預金のみにした方が賢明です」とアドバイスしてもいいはずだ。また保険で言えば、プロが診断した結果、「あなたは保険に入る必要はありません」という結論が出てくる場合もあるだろう。しかしながら彼らに相談してもまずそんな答えは出てこないだろう。

でもこれはごく当たり前の話だ。金融機関は自社商品を買ってもらってはじめて商売になる。相談を受けるだけでは何も利益にはつながらないのだから、相談を受けて商品を勧めないわけがない。理髪店に行って椅子に座り「少し髪が伸びているように思うけど、散髪した方がいいかな?」と聞いて「いや、まだいいでしょう。今日はこのまま帰りなさい」と言うところはないはずだ。理髪店には散髪したいと思うから行くわけで、同様に金融機関には投資や資産運用をしたいから出かける、金融機関側がそう思うのは当然だ。

だから彼らは自社の金融商品を勧める。ただし、その商品が本当にあなたに合っているものかどうかは別の問題だ。

「資産の総合アドバイザー」といういかがわしさ

別な視点で考えてみよう。ゴルフ道具を販売している会社で開催される無料のゴルフ教室に行けば、ほぼ１００％その会社のゴルフ道具を買うことになるだろう。それが嫌で自分に合った道具をちゃんと選びたければ、お金を払ってレッスンプロの指導を受け、アドバイスしてもらうのが当然だ。こういうことなら誰でもすぐにわかるのに、投資とか金融商品という話になると、どういうわけか運用や投資に詳しいファイナンシャル・プランナーにお金を払って相談するということをせずに、大手金融機関の窓口を訪れて相談することが多くなる。

金融機関もそんなことは百も承知なので、「資産の総合アドバイザー」とか「トータルライフプランナー」といった名称の人員を窓口に配置して顧客が相談に訪ねて来るのを待っている。こういう名称を使うこと自体、いかがわしい気がする。だいたい、他人の資産全てを把握して適切な管理・運用をアドバイスするなどということは現実には無理だし、もし本気でそれをやるなら最低でも資産10億円ぐらいでアドバイザーに１０００万円単位のフィーを払わないと無理だろう。普通の個人がそんなことはできるわけがないし、そんな必要もない。

金融機関の多くは社員にＦＰ（ファイナンシャル・プランナー）資格を取得させているが、これはあくまでもマーケティング戦略だ。一般の人は、「なんだかよくわからないけどファイナンシャル・プランナーの資格を持っているということは詳しいのだろう」と考えるだろう。これは心理学でいう「権威付け効果」である。そういう顧客の心理を知っているからこそ、ＦＰ資格を取得させているのだ。

しかしながら実際に金融機関を訪ねてみて話を聞いても、自社商品の、それも力を入れて販売している商品に関することなら詳しく説明してくれるが、ちょっと関連する他の事項について質問したり、他社で話題になっている商品を聞いたりしてみてもよくわからないか、はぐらかされることがほとんどだ。「お客様の立場に立ってお客様に最適の商品を」というスタンスは多分、その通りなのだろうが、あくまでも「（当社が取り扱う商品の中から）お客様に最適の商品を」ということなのである。

金融機関のＣＭを見ていると、「資産のトータルアドバイザー」とか「ライフプランナーとしてのお付き合い」といったキャッチコピーがよく出てくるが、それはあくまでもブランドイメージを作るためのフレーズ、いわばイメージ戦略に過ぎない。

情報の非対称性によって売り手と買い手の間の知識の差があまりにも大きいと考えられる場合は、「大企業」「安心」「プロ集団」というイメージ戦略が功を奏することになる。テレビや雑誌のＣＭで商品の細かい説明ではなく企業イメージを訴えるものが多いというのも金融機関に共通する特徴だと言える。繰り返すが、彼らは販売のプロであっても決して運用やアドバイスのプロではないということを知るべきである。

洋品店の販売員はトータルコーディネーターではない

また一方で、ある程度運用経験のある投資家からはこういう批判もよく耳にする。「金融商品にはそれぞれメリット・デメリットがあるのに、メリットしか説明しない」「資産のトータルなバランスを考えてアドバイスしてほしいのに、自分のところで売りたい商品しか勧めない」。これらの批判は間違ってはいないが、こうした不満を金融機関の販売員に言ってもそれはしょうがない。

私も長年、金融機関で販売の仕事をしていたのでよくわかるが、彼らは悪意を持って顧客をだましてやろうとか、売れ残りを押し付けてやろうなどと考えているわけではない。本当に良い商品だと教えられ、自分たちもそう信じているものをお客さんに買っていただき、喜んでもらおうと真剣に考えている。

でもそれが必ずしも良い商品なのかどうか、そのお客さんにとって適切かどうかはわからない。なぜなら自社で扱う商品については十分な知識と教育を受けているだろうが、前述したように他社商品や他業態の金融商品についてはあまり知識を持っていないからだ。だからいくら親切な販売員だからといって、彼らは〝資産のトータルアドバイザー〟とは言えないのである。

これが洋服を買いに行くのであれば、いくら販売員に勧められても自分の気に入った服や自分に合ったものでなければ言われるままに買うことはないだろう。ところが金融商品だといとも簡単に、販売員の言われるままに商品を買ってしまうといったことが起こりがちだ。しかしながら投資というものはやはり自分で勉強し、理解した上で行うのが大原則である。もちろん各商品に関する情報はそれぞれの金融機関が一番詳しいはずだから、情報を集めるために利用するのは一向にかまわないと思うが、最終的な判断は自分で行うべきである。

洋服の場合に、もし知識がなくて選ぶのに自信がなければ専門家であるスタイリストにきちんとお金を払って適切なアドバイスをしてもらうこともある。投資するにあたって、自分の知識が不足していたり、金融機関の説明がよく理解できなかったりするのであれば、資産運用分野を専門とするＦＰにきちんと相談料を払ってアドバイスしてもらえばいいだろう。その場合にはできればきちんと投資助言業登録をしているＦＰに相談すべきだ。

「儲かる銘柄を教えてほしい」には誰も答えられない

これを言ってしまうと実に身も蓋もないのだが、投資の世界でアドバイザーと言われる人たちができることには限界がある。多くの素人投資家は「儲かる銘柄を教えてほしい」と思っているだろうが、前に述べたようにそんなものプロであろうがなかろうがわかるはずがないのだ。お金を払って相談を受けるプロからのアドバイスであったとしても彼らの力を借りるのは、考え方とかデータの見方、判断の仕方を参考にするぐらいのもので、最終的には自分の頭で考えて自分でリスクを取って投資するしかない。

金融機関の言われるままに投資して、良い結果が出なければ不満を言う、ということではいつまでたっても投資で成功することはできない。金融機関が悪いというだけではなくて金融機関の使い方も悪いのだと知っておくべきだろう。面倒かもしれないが、大切なお金のことなのだから手を抜くのは禁物だ。自分で勉強して多少はわかるようになるまで投資はやらないか、あるいは多少の失敗をしても差し支えないくらいの少ない金額で始めるべきだろう。

投資によって出る利益も損失も全てあなたのものであって、誰も責任を取ってくれるわけではないのだから。

column.5

私が「ポイント投資」を勧めない理由

最近は、会員になって買い物をした時に付くポイントを使って投資をするサービスが増えてきています。ＦＰの人などの中にはこのポイント投資を積極的に勧める人もいます。もちろん金額は大したことないのですが、それだけに投資の練習になるから、という理由で勧める人が多いのです。

しかしながら、私はこのポイント投資はお勧めしません。もちろんポイント投資そのものが悪いわけではなく、やりたい人がやるのは一向にかまわないのですが、はっきり言って、ポイント投資では決して投資を学ぶことはできないし、投資の練習にもならないと思います。その理由は金額が小さいことではなく、ポイント投資では投資の本質を全く理解することができないからです。

投資の本質というのは非常に不条理な世界であり、１＋１＝２になるものではありません。時には１＋１＝10になることもあれば、１＋１＝−10になることもあるのが投資の世界です。つまり投資とは、自分が一生懸命働いて稼いだお金をつぎ込んだにもかかわらず、自分には何の責任もない理由で損をすることもあり得る、という実に理不尽なものなのです。もちろん逆の場合もあります。そしてそれがリスクであり、自分がそういう理不尽な経験をすることでリスクの本質を理解することができ、リスクとの向き合い方が身についていくのです。

ところがポイントというのはいわば買い物の〝おまけ〟です。もちろん、たとえおまけでもそれが増えるとうれしいでしょうし、減ったら悔しいでしょうが、自分が稼いだお金で投資した場合とはそのレベルは全く違います。私も試しに自分でポイント投資をやってみましたが、ゲーム的な感覚しか得られませんでした。したがってゲームとして遊ぶならいいでしょうが、少なくとも投資の練習になることはありません。

今の時代は、投資信託ならそれこそ１００円から投資することもできます。金額の大小にかかわらず、投資は自分の稼いだお金を使ってやるべきでしょう。

第6章
後悔しないための5つの原則

1 投資は〝うしろめたいこと〟ではない

「企業を応援したい」「社会に貢献したい」…その理由づけは必要？

投資の目的は一体何だろう？　それは儲けることだ。こんなことは当たり前なのだが、多くの人はどうもこの「儲ける」という言葉にうしろめたい思いを持っているようだ。投資にはどこか「楽をしてお金を得る」とか「株の儲けは不労所得」というニュアンスがつきまとうからだ。そのため、どうも多くの投資家は「投資すること」を何とか正当化したいという気持ちがあって、投資することの免罪符を求めているように思える。

「道徳貯金」という考え方があるが、投資をすることによるうしろめたさを解消するため、その目的を道徳的に考えることで心のバランスを保とうとするのである。例えば「投資の目的は会社を応援することだ」とか、「投資は世の中にお金を回す素晴らしい行為」といった具合に、「私は投資を金儲けのためにやっているのではなく、世の中に貢献するためにやっているのだ」と思い込もうとする。

もちろん、投資することで世の中にお金が回っていけば、その企業だけでなく社会全体に大きな恩恵をもたらすことは間違いないし、良いことではあるが、それはあくまでも投資することで付随的に生じる結果の話である。個人の観点では投資の目的はやっぱり〝儲けること〟にあるのだ。

それに、そもそも会社を応援したいのであれば、投資よりもその会社の製品やサービスを購入してあげたほうがいい。株式を購入することで間接的にはその会社を応援することにつながるかもしれないが、例えばコロナ禍で飲食業が苦境に陥っている時には、サイゼリヤの株を買うよりもサイゼリヤへ食べに行ってあげた方が、ずっとありがたいのではないだろうか。もちろんどちらも個人の力では大した応援にはならないだろうが、儲けは儲け、応援は応援と割り切った方がはるかにスッキリする。

それに、もし企業を投資でしか応援できないのであれば上場企業以外は応援できないことになってしまう。世の中にお金が回るようにするのは株式投資だけではなく、銀行預金でも同じことだ（ちょっと効率は悪いけど）。直接回してあげたいなら寄付だっていい。

私の知り合いで株式の短期的なトレードでそれなりの成果を上げている人がいる。毎日株を売買し、短期的な利ざやで儲けているのだが、彼はその儲けたお金の半分を毎年、児童養護施設に寄付している。「投資は投資でしょ？　どんなやり方でも儲けりゃ良いんですよ。自分は儲ける目的の一つが恵まれない子供たちへの寄付だから、得意な短期トレードで儲けて、そのお金を直接寄付しているだけです」。実に明快でスッキリしている。

投資の目的は「儲けること」でかまわない

そもそも株式投資は、損失は限定されながら儲けは無限大という実によくできたシステムなのだから、それを大いに利用すればよいのだ。株式が人類の最も偉大な発明の一つと言われる理由は、この「リスク限定で儲けることができる」というところにある。

株式会社のルーツが17世紀の大航海時代にオランダで生まれた「東インド会社」だということは歴史で習った人も多いだろう。遠い中国やインドといった国から様々な品物を大量に運んでヨーロッパで売れば儲かる。そんな航海に出資してくれるなら儲けは山分けしよう。でも途中で船が難破したり海賊に襲われたりすると、せっかく買った品物を失ってしまうリスクもある。損もみんなで負担することになると、下手をすれば破産してしまうかもしれない。これではごく一部の勇気ある人しかチャレンジはできないだろう。そこで、儲けは山分けするけど、損は自分が出資したお金を上限とする。これが有限責任ということであり、株式の最も優れたメリットなのだ。

利益は無限だが、損失は自分の出したお金までしかない、ということであれば安心してみんなが冒険的にチャレンジできるようになる。このスピリットが資本主義を育てていったのである。つまり、みんなが儲けようとして投資すると結果として世の中に広くお金が回ることになり、それによって経済も大きな成長を遂げるということになる。

今はＥＳＧとかＳＤＧｓとかウエルビーイングといった言葉が流行りで、中にはとてもＳＤＧｓとは縁のなさそうなおじさんが胸にカラフルなバッジをつけているのもあちこちで見かける。でも昔から日本には「三方良し」という立派な商売哲学がある。

株式投資にはこの「三方良し」の仕組みが構造的にビルトインされていると言ってもいいと思う。だから投資をするのに無理やり免罪符を振りかざす必要はない。「投資の目的は儲けるためだ」と胸を張って言えばいいのだ。

2 自分の勝ちパターンを持て

成功する人にはみんな「自分の勝ちパターン」がある

投資で成功するために大事なことはいろいろあるが、その中の一つに「自分の勝ちパターンを作る」ということがある。私は投資家の人たちのコミュニティやオンラインサロンにいくつか参加していて、個人的にはとても勉強になっているが、成功している人に共通するのはこの「自分の勝ちパターン」を持っているということだ。

例えば個別銘柄分析が得意な人、あるいは好きな人がいる。内容の良い会社だからといって必ず株価が上がるわけではないが、企業価値が増大し続ける会社を長期に持てば5倍とか10倍になることは十分あり得る。問題は短期の値動きに惑わされず持ち続ける胆力が必要なことだが、このパターンで大きく資産を増やした人は多い。著名な投資家で言えばウォーレン・バフェットがこの代表だろう。

また、短期売買で利益をあげ続けている人もいる。もちろん百戦百勝ということはあり得ないのだが、失敗した時には素早く損切りして損失をできるだけ抑える。その指標となるのがチャート分析で、売りと買いのタイミングをチャートに求めて判断するというパターンの投資家である。チャートには投資家の心理が織り込まれているので、それなりに再現性が期待できると考えるわけだ。米国のチャート分析家として知られるジョセフ・グランビルの考案した「グランビルの法則」を活用してそれなりに成果を上げている投資家も多い。

さらにボロ株専門という人もいる。株価が一番大化けするのは、業績のどん底から復活する時である。もちろん復活せずにそのまま潰れてしまう場合もあるが、複数の銘柄を最低単位で購入し、復活の兆しが見えた段階で買い増しをするというのも一つの方法だ。英国人投資家として有名だったジョン・テンプルトンは、株価1ドル未満のボロ株に複数投資するというやり方で大きな成果を上げた。

もちろん、インデックス投信を積立で続けるというのも有効な手段であることは間違いない。大幅な利益を得ることは難しいだろうが、下手な売買で損失を重ねることを思えばインデックス投信の積立で放ったらかしというのは手間がかからず効率的に収益を上げられる方法だ。むしろ投資にかける時間や手間を人生におけるコストと考えるなら、このやり方が一番コストパフォーマンスは良いだろう。

このように、投資のやり方は実に様々である。今紹介した方法以外にも実に多くのやり方がある。投資というのは人間の心理が大きく影響するものであるから、その人の性格に合った方法が一番だし、それがその人の勝ちパターンなのだ。

現代における投資の達人と言われている米国の投資家、ウォーレン・バフェットが師と仰ぐベンジャミン・グレアムという人がいる。彼の著書『賢明なる投資家』は1930年代から今日に至るまで読み継がれている投資に関する不朽の名著だが、彼の格言の中にも「自分のゲームで勝てばよい」というのがある。彼も自分の土俵で戦い、自分の勝ちパターンを見つけることが投資において重要であることを説いている。

投資で一番避けなくてはいけないのは「原理主義に陥ること」である。ところがそういう人は実に多い。評論家にしてもブロガーにしても、「このやり方が一番優れている。他のやり方ではダメだ」と主張する人がいる。多くの場合、それらの主張は彼らが自分で実践して成功した体験を語っているわけであるから説得力があるのは間違いない。つまりそれは彼らにとっての「勝ちパターン」なのだ。ところがそれが全ての人にとってそうなのかと言えば必ずしもそうではない。例えば「一番手間暇がかからないインデックス投信の積立であれば、特別な能力は何も必要ないので、誰でもできる」と言われるが、投資は始めるのは簡単でも続けるのが難しい。たとえ積立投資でも大幅に下落したり、逆に上昇したりした時は心が揺れる。結果として上がった時は積み増しし、下落すると嫌になって売ってしまうということもありがちなので失敗することもおおいにあり得る。

もちろん他の投資手法でも失敗することは数限りなくある。要は「リターンを得るためにはリスクを取らないといけない」というシンプルな事実だけは絶対正しいのであるが、そこへ至る（リスクを取ってリターンを得る）道は必ずしも一本ではないのだ。だからこそ、自分に合ったやり方、自分の勝ちパターンを見つけることが大事だ。

これは投資だけに限らない。スポーツでも仕事でも勝ちパターンは人によって違う。先行逃げ切り型か終盤追い上げ型かといった違いがあるように、自分の勝ちパターンに入った時は良い結果が出るが、相手（相場）に振り回されて相手のペースに入ってしまうと負ける。自分の得意パターンを見つけることはとても大切だということを忘れてはいけない。

3 投資家の仕事は〝待つ〟こと

「買ったけど、ちっとも上がらない」はごく普通の状況

投資というのはいくら論理的に考えても、いくら筋の通ったやり方でも必ず想定通りに価格が上がって儲かるとは限らない。株価は理屈で動くわけではなく、人々の感情やそれに基づく行動が引き起こす需給関係に影響を受けるからだ。

つまり第3章第3節でお話ししたように、株価は〝影〟なのである。その企業が本来持っている価値を株価が常に正しく表しているわけではない。株価というものは往々にして人々の期待感が反映されるからだ。

したがって、その企業が多くの人に評価され、人気が出てくるまでの間、時間のかかることがある。いやむしろ時間のかかることの方が多い。3カ月、半年ぐらいはまだ良い方で中には何年もかかる場合もある。したがって「買ったけど、ちっとも上がらない」というのは

ごく普通の状況なのだ。もちろん、まさに今人気で上昇相場の真っ最中という状態であればそんなことはない。買ってすぐに上がることは多いだろうが、逆に高値づかみをしてしまう可能性も大きい。

投資の基本は実体に比べて影が小さい、すなわち株価が割安になっている時に買うということだ。人気のない時に買うわけだから、すぐに上がらないのは当然なのだ。よく、「良いと思って買ったのに」あるいは「良いと言われて買ったのにちっとも上がらないじゃないか」と不満を言う人がいるが、そういう人は投資の基本がわかっていないと言っていいだろう。いつ上がるかなんて誰にもわからない。でも成長性や利益の実体がしっかりしている企業であれば、いずれその株価は正当に評価される時が来て上がる。それまで〝待つ〟のが投資家の大事な仕事なのである。

前節で紹介したベンジャミン・グレアムが言っている「投資で本当に大事なこと」、それは、

①　企業の価値は計測することができる

② その価値に比べて株価が安い時に買っておき、その乖離が埋まることによって儲ける
③ そのために時間を味方につける
という3つのことだ。

ここで出てきた「時間を味方につける」というのは、単に長期投資をしなさいということではない。価値と価格が一致するまで待つことを厭わないようにすべきだということを言っている。多くの場合、割安だった株価が本来の価値に修正されるまではかなりの時間がかかる。時間がかかることを良くないことだとして敵に回すのではなく、それを受容する（味方につける）ことができれば投資は成功するということを言っているのだ。

第2章の第1節で「長期投資は必ずしもリスクを小さくするわけではない」と言ったが、筆者は長期投資自体をネガティブに考えているわけではない。むしろ投資で大きな成果をあげるには長期的に成長する企業の株式を根気よく持ち続けることで報われることが多い。基本的に株式投資は長期投資のスタンス、〝待つ〟ということを考えておくべきだと思う。

積立インデックス投資でも〝待つ〟ことは大事

投資家にとって〝待つ〟ことが大事なのは、別に個別株の場合だけではない。インデックス投信を積立で購入している人も〝待つ〟ことが大事だ。投資信託、特にインデックス型投信は株式と異なり、基本的にはフェアバリューというものはないし、市場には割高な株も割安な株もあるので、割安な時に買って〝待つ〟ということはしない。そもそも「積立投資」というのは市場の環境が良い時も悪い時も一定金額で購入を続けることにある。だとすれば、〝買って待つ〟ことがないわけだから、一体何を〝待つ〟のかと思うかもしれない。

積立インデックス投資で待つべきなのは、「経済の成長」である。インデックス投資というのは特定の「市場の指数」、例えば日経平均とかTOPIXといった指数連動を目指す投資信託を購入すると考えがちだ。それは定義としては間違っていないが、より広い意味でのインデックス投資というのは特定の国の指数だけではなく、世界中の市場全体に分散投資をするという考え方である。これは「パッシブ運用」とも言われる。

過去30年間を見ると世界経済全体の規模は拡大している。2020年の通商白書を見ると、1990年時点での世界全体のGDPは22・7兆ドルであったのに対して2019年時点では85・9兆ドルと4倍近くに拡大している。この間4倍以上に拡大した国も多いし、日本は停滞した30年間ではあったものの株式の時価総額で見ると2倍近くになっている。今後の30年間はどうなるかわからないものの、少なくとも世界で資本主義が続き、人口が増える限りにおいては経済規模が拡大することは間違いないだろう。

もちろん、その間、何度も大幅な下落はあると思う。リーマンショックしかりITバブルの崩壊しかり、過去にもそういう大きな下落はあった。しかしながら、積立インデックス投資は下がってもその安いところを買い続けていくわけであるから、世界経済の成長がトレンドとして途切れない限りやがて報われることになる。それを〝待つ〟のがインデックス投資なのだ。

長期投資では暴落時に売らないことが鉄則

そしてこれは個別株式投資でもインデックス投資でも全てに共通することで、決してやってはいけないことがある。それは、少なくとも長期投資の構えで待つことを選択したのであれば、暴落時に絶対売ってはいけないということである（短期売買であれば別だ。早く逃げた方が損失が少ないこともおおいにあり得るからだ）。

私は投資アドバイスをすることが仕事ではないが、もし仮に投資で大切なことを一つだけ教えてほしいと言われたら、躊躇することなく、この「暴落時に売ってはいけない」ということを挙げるだろう。

株は上がれば必ず下がるし、下がればいずれは必ず上がる。その動きに合わせて売買するのではなく、〝待つ〟ということが投資家の一番大切な仕事だということを覚えておいてほしい。

4 頭を柔らかくしないと儲からない

リスクから逃れたい

投資というのは、先の不確実なものに賭ける行為であるから、人間であれば誰しも不安になるのは当然だ。しかしながら、投資で成功するためには、そうした不安を全て自分で受け止め、しっかりとリスクに向き合わないといけない。ところが多くの人はそうしたことから逃げたくなる。

結果としてどういう行動を取るかと言うと、それは大きく2つに分かれる。

① 誰か人に聞く、教えてもらう

② 特定の投資手法を信じてそれに従ってやる

いずれの行動にも共通することは、何かを信じてそれにすがり、自分でリスクと向き合うことから目を背ける、あるいは逃げるということだ。しかしながら、不安な気持ちから逃げずにそれと真正面から向き合って自分で考えて判断をしないことには絶対に儲からない。そういうことをするのが嫌だというなら投資はしない方がいい。

前述の①について言えば、判断を人に委ねることでリスクから逃げようとしていると言える。もちろんわからないことは人に聞けばよいが、投資する銘柄やタイミングを聞くのはやめた方がいい。

筆者も時々、「今買うなら何がいいですか?」ということを聞かれることがある。筆者はFPでも投資助言業でもないので、そういう質問には一切答えない。自分の意見として市場の見通しや成長が見込める業種や企業について言及することはあるが、それはあくまでも自分個人の意見であって、正しいかどうか、その通りになるかどうかなどということはわからない。

できるだけ幅広い人たちの意見を聞き、その上で、自分で考えて判断するということであればいいが、「何か儲かる銘柄はないか?」と人に聞いて回ったり、雑誌の袋とじ銘柄を信じて買ったりすることはしない方がいい。

体験を絶対視することの危険性

また、②については特定の投資手法を信じることで不安心理から逃れようとする行動である。よくありがちなのは、1つの運用手法を信じ込んでしまい、これが絶対と考えてしまうことだ。「チャート主義」も「長期・積立・分散」もそれだけが、唯一絶対正しいわけではない。

筆者はいずれの方法も否定するものではないが、物事には何事も一長一短がある。チャートを分析して売買をするのは、短期取引には有効だが、長期投資にとってはあまり意味がないし、「長期・分散・積立投資」を投資信託で行うのは手間がかからず、自分で考えなくてもよい便利な方法ではあるが、それほど多く儲かるというわけでもない。

人は自分の成功体験や失敗体験から学ぶことが多いが、問題はそれらを絶対視してしまいがちになることである。

外資系金融機関で長年運用をしていた人や証券会社の優秀なトレーダーとしてよく知られた人が、「長年、運用の世界にいたが、なかなかうまくいくものではない。やっぱり積立投資が一番だ」と発言すると、「ああ、あんなに外資系で有能だった人でも積立投資を勧めるのか！」と思い込む人がいるが、ひょっとしたらその人は単に運用が下手だっただけなのかもしれない。また、一種のハロー効果※もあるだろう。事実、それほど有名な人でなくても長年にわたって運用で素晴らしい成績を上げている地味な人はいくらでもいる。

何よりも一番大事なことは、頭を柔らかくし、かつ自分の頭で考えるということだ。筆者は「個別株式の長期保有」を運用の中心としているが、これだって状況の変化でうまくいかないことはあるし、これさえやっていればいいとは少しも思っていない。一方では積立投資をもう20年近く続けているし、株式の短期売買だってやっている。それらは全く考え方ややり方の異なるものであるから、常に頭を柔軟にしておく必要がある。

本節冒頭の話に戻ると、人は先の見えないもの、不確実なことに対して不安を覚えるのは

※「ハロー効果」
ある対象を評価する時に、目立ちやすい特徴に引きずられて他の特徴についての評価が歪められる現象のこと。仏像の光背のように光り輝いて見えるという心理からハロー（Halo＝光背）と名付けられている。この場合、外資系金融機関等で長年働いていたという事実と運用の才能があるということは全く別なのだが、肩書きやキャリアを「ハロー」として勘違いすることと言って良いだろう。

自然なことだ。それが「リスク」というものである。

でもリスクを取らなければリターンを得ることはできないということもまた事実である。面倒なことや不安なことは避けて、それでも儲けたいという気持ちはわからないでもないが、投資に必要なのはなによりも「勇気と覚悟」なのである。

何もわからなくても、まず投資を始めればいいという安易な誘いには乗らないのが賢明だ。また、投資の方法に正解はただひとつではないということを理解し、常に頭を柔らかくして、様々な選択肢を否定しないことも大切だ。投資で唯一絶対正しいことは「先のことは誰もわからない」ことと「世の中にうまい話はない」ということだけである。後は全てを疑って考えると共に思い込みを排することが必要である。

第1章でもお話ししたように、「勇気」と「思考力」と「少しの勉強」は投資をするためには欠かせないものだ。投資は、どこまで行ってもリスクと向き合うことから逃れられないということをきちんと覚悟すべきだろう。

5 無理をしてはいけない

「投資はなくなってもいいお金で」の意味

よく「投資はなくなってもいいお金でやりなさい」と言う人がいる。まあ〝なくなっても良いお金〟なんてあるわけないのだが、言わんとすることは「もしそれが全部なくなっても生活に支障をきたさない範囲内で投資をしなさい」ということだろう。

これは間違ってはいない。もちろん、信用取引のようにレバレッジを掛けるとか、あるいは買った株の企業が倒産するといったよほどのことがない限り、投資したお金が全部なくなるということはないが、心づもりとしてはそれぐらいの余裕を持ってやりなさいということだろう。

つまり投資をするにあたっては、決して無理をしてはいけないということなのだ。

手元に1000万円まであったらいくらまで投資するか

価格変動のあるリスク商品、すなわち株式や投資信託に自分が持っている金融資産の何割を投資するかは、その人のリスク許容度がどれくらいあるかによるため、その割合は人によって異なる。

仮に自分の金融資産が全部で1000万円だとして、その半分500万円をリスク商品に投入するとしよう。筆者なら、この500万円はあくまでもリスク商品に投入する上限額と考える。つまり、常に500万円の全額をリスク商品に投入するのではなく、その内の何割かはキャッシュ（預金）で持っておく方がいいと思う。要は投資するにあたっては、それが仮に投資用の資金だとしても一定の割合は現金で置いておくべきだと考えている。この理由は長年投資をしている人であればわかるだろう。

なぜなら、投資をしていて暴落に見舞われることはいつでも起こり得るからだ。人によっては「明らかにバブルだと思う時は一旦、全部売っておき、下がった時点でまた買えばいい」と言う人もいるが、失礼ながらそんなことを言う人は株式投資の経験のあまりない人か、よくわかっていない人だろうと思う。

そもそも、いつがバブルなのかなどということは誰もわからない。バブルというのは弾けてみて初めてわかるのだ。それに、下がったところでまた買えばいいというが、実際に経験してみると、そんなことはまず不可能だということがわかるだろう。下がると誰もが「まだ下がるかもしれない」という不安から底値近辺で買うなどということは、理屈はその通りでもなかなかできるものではない。

投資家が悔しくてたまらない2つのシーン

特にリーマンショックやコロナショックのような時は、どんなに業績の良い会社でも連れ安となり株価は下落する。どこまで下がるかなどということの予測は不可能だ。何しろ企業実体が悪くて売られているわけではないのだから、理屈では判断のしようがない。

そういう時は売らずに我慢すべきだし、もし手元に現金があれば買い増しをすれば良い。その場合も少しずつ買い、さらに下がればまた買うといった方法でいい。そういう時のために常に一定の現金を持っていた方がいいのだ。

今までいろいろな投資家に意見を聞いてきたが、一番悔しいのは「売った株がその後上がったこと」と「下がっている時にお金がなくて買えない」ことだと言う。これは私自身の経験からも全く同じ気持ちだ。

これを避けるには、①暴落時に怖くなって慌てて売らないこと、そして②常に買い増しができるように一定の現金は持っておくこと、が大切だと言えるだろう。

乾坤一擲の大勝負より、楽しみながら資産運用を

中には自分の許容限度額一杯に投資をしているところで暴落が来ると、「ここが勝負時！」とばかりに、本来は安全資産として持っているお金もつぎ込む豪気な人もいる。しかしながら、それは明らかに「無理をしている」ことになる。

まあ、乾坤一擲、勝負を賭けるというのもあっていいのだが、その場合怪我が大きくなるかもしれない覚悟はしておかなければならない。仮にそんなことになって自分の資産が大幅に減ったとしても「また働いて稼げばいい」と思える人ならともかく、それが嫌ならやはり投資に回す金額には自分で決めた上限を設けておくことだろう。

実を言うと、株式投資で大きな財産を作った人の中には、かなり無理をして大勝負を賭けたことで大きく儲けた人も一定割合はいる。というか、何十億円もの資産を作った人は、それが株式であれ、不動産であれ、一度はそういう大きな勝負は経験しているはずだ。何度も言うようにリスクを取らない限りリターンを得ることはできないからこそ、まさに乾坤一擲の勝負をして勝った人は大きなご褒美を得ることができたということなのだろう。

しかしながら私も含めて大多数の人はそこまでリスクを取って勝負を賭ける必要はないだろう。投資の目的は人によって異なるが、多くの人にとっては、楽しみながら資産を少しずつでも増やすことが目的のはずだ。であるなら、投資で一番大切なことは「決して無理をしない」ということである。

おわりに

本書の目的は、投資の常識と言われていることを一度疑ってみてそれが本当に正しいか自分の頭で考えてみようというものです。したがって、私が本書で言ったことも頭から信用するのではなくて、疑ってみてください（笑）。

最後に、自分の頭で考えるために役に立つ本、メルマガ、そしてコミュニティについて紹介します。これらを参考にしながらぜひ〝自分で考える習慣〟を身につけてください。

【書籍】

『改訂版　一番やさしい！　一番くわしい！　はじめての「投資信託」入門』

（竹川美奈子著　ダイヤモンド社）

著者は投資信託の専門家でその豊富な取材と高い知見で投資信託に関しては日本でトップクラスのジャーナリスト。「一億人の投信大賞」の選定メンバーで、多くの個人投資家から信頼を得ている。本書も２０１３年の初版、18年の改訂版共に超ロングセラーとなっている。

『ファンダメンタル投資の教科書　改訂版』（足立武志著　ダイヤモンド社）

株式投資の基礎を勉強するには絶好の教科書。著者自身は公認会計士でありながら、個人投資家としても高い実績をあげている。会社四季報の読み方や企業の財務情報の見方など、株式投資するために知っておくべき知識と知恵が満載のロングセラー。

『お金は寝かせて増やしなさい』（水瀬ケンイチ著　フォレスト出版）

超人気投資ブログ「梅屋敷商店街のランダムウォーカー」著者のベストセラー。最もシンプルなインデックス積立投資の基本がこれ以上ないほどわかりやすく書いてある。著者自身の失敗体験もあり、これから投資を始めたいと思う人にとってはとても参考になる本。

『英語力・知識ゼロから始める！【エル式】米国株投資で1億円』（エル著 ダイヤモンド社）

タイトルはやや煽り系だが、中身は非常に真面目な米国株への長期投資の本。普通のサラリーマンだった著者が長期投資で資産形成を果たし、50代前半で早期リタイアした経験を含めて、米国株投資を中心に投資の基本的な考え方がわかりやすく書かれている。

【メルマガとコミュニティサロン】

馬渕治好の週刊「世界経済・市場花だより」（メルマガ）

馬渕氏は大手証券会社の調査部から独立し、マーケットアナリストとして経済媒体に多くの記事を執筆している。馬渕氏のメルマガは市場予測だけではなく、経済指標として出てくるデータをどう解釈すべきかという観点からの記事が多いため、自分で判断するための勉強にはうってつけのメルマガと言えよう。

メルマガ購読申し込みサイト：https://www.mag2.com/m/0001301453

「カテキンのコミュニティーサロン」（Facebookでの有料コミュニティ）

カテキンこと糧山金之助氏（ハンドルネーム）が主催する有料コミュニティ。氏自身はレストラン経営などの事業家であると同時に株式投資家、不動産投資家でもある。本コミュニティにおいては初心者からプロに至るまで様々な意見交換が行われており、〝自分の頭で考える〟ためには非常に役に立つコミュニティである。

コミュニティ申し込みサイト：https://www.ktkng.net/community/

もちろん他にも参考になる本やサイトはありますが、私がこれらの著者や運営者を推薦するのは次の３つの共通する理由があるからです。

①　金融機関や運用会社との結びつきがない
②　平易でわかりやすい内容となっている
③　机上の空論ではなく、自分自身も投資で成功している

この中で特に重要なのは③です。世の中には評論家やＦＰなどで投資を語る人は多いですが、私から言わせると、「投資の経験もその成功体験もあまりないのでは？」と思うこともあります。何よりも大切なことは自分で実践して成功したという事実です。

ここで紹介した方々の例はいずれもやり方は様々ですが、何よりも自分に合ったやり方をしているという点ではみなさんにとってもおおいに参考になると思います。

大江英樹 おおえ・ひでき

経済コラムニスト。大手証券会社を定年退職したのち、オフィス・リベルタスを設立。行動経済学、資産運用、企業年金、シニア向けライフプラン等をテーマとし、執筆やセミナーを行う。著書に『投資賢者の心理学』『知らないと損する 経済とおかねの超基本1年生』『一生お金で困らない人生の過ごしかた』『定年前、しなくていい5つのこと』など。

日経プレミアシリーズ | 463

あなたが投資で儲からない理由

二〇二一年七月八日 一刷

著者 大江英樹
発行者 白石 賢
発行 日経BP
日本経済新聞出版本部
発売 日経BPマーケティング
〒一〇五―八三〇八
東京都港区虎ノ門四―三―一二

装幀 ベターデイズ
組版 マーリンクレイン
印刷・製本 凸版印刷株式会社

ISBN 978-4-532-26463-5 Printed in Japan